Spiritual Interview with
the Guardian Spirit of
JURI UENO

上野樹里

守護霊インタビュー

「宝の山の幸福の科学」

Ryuho Okawa
大川隆法

JN143960

まえがき

女優の上野樹里《うえのじゅり》さんは、私も数年前から興味関心を持っていた方であったので、今回、彼女の守護霊のほうから、インタビューの申し入れをして下さり、まことに有難《ありがた》いことだと思っている。

内容的には、教団の指導霊の一人でもあるかのような、厳しさと温《あたた》かさを含んだ教えであったので、私たちだけでなく、地上で女優をやっておられるご本人のほうもきっと驚かれることだろう。相当、霊的認識力の高い方のようで、芸能界の中にも、まだまだ「世を照らす光」は存在するのだと強く感じた次第《しだい》である。

「天国的なものをひろげる映画をもっと創《つく》りましょうよ。」というご提案には、私も大賛成で、ドンドンその方向を目指して突き進んでゆきたいと思っている。

今後とも、お力になって下さり、お導き下されば幸いである。

二〇一七年　二月二十八日

幸福《こうふく》の科学《かがく》グループ創始者兼総裁《そうししゃけんそうさい》

ニュースター・プロダクション（株）会長《かいちょう》　大川隆法《おおかわりゅうほう》

上野樹里 守護霊インタビュー「宝の山の幸福の科学」 目次

上野樹里《うえのじゅり》 守護霊《しゅごれい》インタビュー
「宝の山の幸福の科学」

二〇一七年二月二十二日　収録
幸福の科学 特別説法堂《せっぽうどう》にて

「霊言現象《れいげん》」とは、あの世の霊存在の言葉を語り下ろす現象のことをいう。これは高度な悟《さと》りを開いた者に特有のものであり、「霊媒現象《れいばい》」（トランス状態になって意識を失い、霊が一方的にしゃべる現象）とは異なる。

また、人間の魂《たましい》は原則として六人のグループからなり、あの世に残っている「魂のきょうだい」の一人が守護霊《しゅごれい》を務めている。つまり、守護霊は、実は自分自身の魂の一部である。したがって、「守護霊の霊言」とは、いわば本人の潜在《せんざい》意識にアクセスしたものであり、その内容は、その人が潜在意識で考えていること（本心）と考えてよい。

なお、「霊言」は、あくまでも霊人《れいじん》の意見であり、幸福の科学グループとしての見解と矛盾《むじゅん》する内容を含《ふく》む場合がある点、付記しておきたい。

上野樹里《うえのじゅり》 守護霊《しゅごれい》インタビュー
「宝の山の幸福の科学」

二〇一七年二月二十二日　収録
幸福の科学　特別説法堂《せっぽうどう》にて

上野樹里《うえのじゅり》（一九八六～）

女優。兵庫《ひょうご》県出身。二〇〇一年、「クレアラシル」の三代目イメージガールに選ばれ芸能界デビュー。二〇〇二年、NHK月曜ドラマ「生存 愛する娘《むすめ》のために」で女優デビューし、二〇〇四年の初主演映画「スウィングガールズ」では日本アカデミー賞新人俳優賞を受賞。その後も、ドラマ「のだめカンタービレ」「江《ごう》～姫《ひめ》たちの戦国～」、映画「陽《ひ》だまりの彼女」など、ヒット作・話題作に多数出演。

質問者 ※質問順

松本弘司《まつもとこうじ》（幸福の科学専務理事 兼《けん》 メディア文化事業局長
兼 映画企画《きかく》担当 兼 HSU講師）

吉川枝里《よしかわえり》（幸福の科学第三編集局長 兼「アー・ユー・ハッピー?」編集長）

栩坂明日美《とちさかあすみ》（幸福の科学メディア文化事業局職員）

［役職は収録時点のもの］

1　演技派女優・上野樹里《うえのじゅり》の守護霊《しゅごれい》に スピリチュアル・インタビュー

映画「君のまなざし」の目標となった作品に主演した上野樹里

大川隆法　今日（二〇一七年二月二十二日）は、女優の上野樹里《うえのじゅり》さんの守護霊《しゅごれい》が出てくださるとのことで、先ほど、急遽《きゅうきょ》、「守護霊インタビュー」の収録が決まりました。

今、ワイドショーやスポーツ紙、週刊誌などを、いろいろと賑《にぎ》わせているのですが、この方の守護霊は、〝助け船〟の打診《だしん》に来たような感じでした（注。この収録の十日前に、幸福の科学が女優・清水富美《しみずふみ》

一連の騒動の真相は？　すべての疑問に、本人自身が答える。
『全部、言っちゃうね。』
（千眼美子《せんげんよしこ》著、幸福の科学出版刊）

加《か》（法名《ほうみょう》・千眼美子《せんげんよしこ》）の出家《しゅっけ》に関する記者会見を行《おこな》った）。

上野さんは、昨年の後半、月刊「アー・ユー・ハッピー？」（二〇一六年十一月号〔幸福の科学出版刊〕）の取材に応じてくださり、「お父さんと伊藤《いとう》さん」という映画（二〇一六年十月公開）のことなどについて語ってくださいましたが、やはり、気持ちがいろいろと通じるものらしいですね。

この方の出演作品はたくさんありますが、主演をしたもののなかに、「陽《ひ》だまりの彼女」（二〇一三年公開）という映画があります。江《え》の島《しま》が出てくる映画です。観《み》ていない人がいるでしょうから、結論を言ってはいけないかもしれませんが、幻想《げんそう》的な映画で、三木孝浩《みきたかひろ》監督《かんとく》の作品のなかでも、私が好きなものの一つです。私は繰《く》り返し観ました。

当会は、アニメを中心に映画をたくさんつくってきましたが、実写映画も、ときどきつくろうと考えています。

ハリウッド映画の大規模なものについては、「当会がつくりたくても、つくれな

●月刊「アー・ユー・ハッピー？」　幸福の科学出版が発行する月刊女性誌。人間関係、子育て、健康、スピリチュアル、美容、カルチャーなど、さまざまな切り口から幸せになるヒントを届けている。

い」と思うものが多いのですが、私は、邦画《ほうが》を観るときには、いつも、「当会がつくれそうなもので、目指すべきものは、どのあたりかな」と思いながら観ています。

そういう意味では、「『陽だまりの彼女』のような映画をつくれたら、宗教団体がつくる映画としては、いちおう合格なのではないか」と思えるので、とりあえず、これを目標にしてもいるのです。

今年（二〇一七年）、「君のまなざし」（製作総指揮・大川隆法、ニュースター・プロダクション作品）という映画が五月下旬《げじゅん》から公開されるのですが、この映画は、実は、「陽だまりの彼女」あたりを目標にし、「このようなものがつくれないか」ということで、私が原案を出した作品なのです。

そのあと、紆余曲折《うよきょくせつ》があり（笑）、脚本《きゃくほん》がいろいろと変わって、かなり違《ちが》った

映画「陽だまりの彼女」（三木孝浩監督／2013年公開／東宝、アスミック・エース）

ものになってはいます。もう少しワイルドで、刺激《しげき》がもう一段強いものになっていて、「陽だまりの彼女」のような感じのポエム調ではないとは思います。

ただ、私の頭のなかに最初にあったのは「陽だまりの彼女」であり、「こういう映画を当会でもつくれないか」と投げかけました。

そして、一年ぐらい揉《も》み、いろいろな案をつくったのですが、別の案が出てきて、コンペの結果、少し変わった案のほうのを採《と》って、今回、作品化したのです。

そういうこともあって、私にとっては、この方は非常に印象深い方ではあると思っています。

映画「君のまなざし」（大川隆法製作総指揮／2017年5月公開予定／日活）

上野樹里は、天才性を感じさせる演技派系の女優

大川隆法　この方は数多くの作品に出ていらっしゃるので、全部に言及《げんきゅう》することは無理ですけれども、有名なのは、おそらく、「のだめカンタービレ」（二〇〇六年、フジテレビ系）というドラマかと思います。

また、NHKの大河《たいが》ドラマ「江《ごう》～姫《ひめ》たちの戦国～」（二〇一一年）で主演をなさいましたので、これもまだ記憶《きおく》にあるでしょう。

ほかに、映画では、陸上走者の応援《おうえん》をする役で出た、「奈緒子《なおこ》」という二〇〇八年の作品があります。これには、今かなり人気が出てきている綾野剛《あやのごう》も出ています。

さらに、二〇一三年の「陽だまりの彼女」、二〇一六年の「青空エール」、このあたりも有名かと思います。

それから、最初のころ、NHKの「てるてる家族」という連続ドラマ（二〇〇三～二〇〇四年放送）に出ていました。

これで彼女と共演した方（岸谷五朗《きしたにごろう》）が、「上野樹里を、絶対、うちの事務所に取らなくてはいけない」と言ったため、その事務所は彼女を引き抜《ぬ》こうとしたのですが、「お世話になった事務所とは別れられない」と言われたので、彼女の所属する事務所をＭ＆Ａ（吸収合併《がっぺい》）したそうです。

詳《くわ》しいことは知らないのですが、そういう話のある方でもあります。

私は、上野樹里さんについて、「ある意味での天才性がある人ではないか」と思ってはいるのですが、「天才性を感じるけれども、作品としては、最高傑作《けっさく》にはまだ出会っていないのではないか」と感じるので、「この人の天才性が出せるような作品に当たれば、もしかしたら、相当のものができるのではないか」という気がしています。

去年、結婚《けっこん》なされたので、芸能活動をどうするか、少し迷っておられるあたりではあるかと思います。

「のだめカンタービレ」では、非常にコミカルな演技をされました。クラシック音楽をピアノで弾《ひ》く主人公は、音楽的には天才なのですが、生活においては非常にコミカルであり、パリの噴水《ふんすい》で水のなかにドバッと落ち込《こ》んだりします。

あの演技は一発勝負なので、なかなか難しいだろうと思うのですが、噴水に落っこちる演技も上手になさっていました。

そのあたりで、「天才の部分」と「コミカルな部分」の両方をうまく演じ切ったように思います。

それから、内容をあまり〝ばらす〟といけないのですが、「陽だまりの彼女」は、猫《ねこ》が、助けてもらった人に恩返しをするため、「鶴《つる》の恩返し」風に、人間になって出てくる物語です。

確かに、彼女の演技には、隅々《すみずみ》に猫らしき雰囲気《ふんいき》が出ていました。さらに、神秘

テレビドラマの続編として公開された映画「のだめカンタービレ 最終楽章　前編」（武内英樹監督／2009年公開／東宝）

的な雰囲気もあります。

三木監督の作品は独特な「光の芸術」であり、光の使い方が非常にうまいのですが、湘南《しょうなん》の淡《あわ》く明るい光と、彼女の演技とのミックスが非常にうまくて、印象的な作品になったと思っています。

彼女は、「パッと見」から言うと、「極端《きょくたん》な美人女優として売る」というタイプではなく、やはり演技派系ではないかと思うのですが、「神秘性」が非常にあるので、このあたりについては、いろいろと考えておられることがあるのではないかと思います。

青春映画の名手に訊く。
『青春への扉を開けよ　三木孝浩監督の青春魔術に迫る』
（幸福の科学出版刊）

上野樹里の守護霊を招霊《しょうれい》し、幸福の科学へのアドバイスを聞く

大川隆法　上野さんは、「アー・ユー・ハッピー?」に出ていただいたので、おそらく、関心を持って幸福の科学を見ておられ、当会の本を読んだりもされているの

ではないかと思います。

今日は、向こう（上野樹里守護霊）のほうから言ってこられましたので、この方の芸術観や演技観についての話を聞くだけではなく、当会に何かアドバイスがありましたら、それも聞けたらよいと思っております。やや違う観点の意見もお持ちのようではあります。

では、よろしいですか。

松本　はい。

大川隆法　それでは、女優の上野樹里さんの守護霊をお呼びいたします。

「アー・ユー・ハッピー？」では、もうすでにインタビューさせていただきましたけれども、守護霊のほうのインタビューも、お願いできれば幸いであると思っております。

女優・上野樹里さんの守護霊よ。

女優・上野樹里さんの守護霊よ。

われわれのインタビューにお答えくださいますよう、心の底よりお願い申し上げます。

（約十秒間の沈黙《ちんもく》）

2　スピリチュアル・インタビューを買って出た理由

幸福の科学に自《みずか》らコンタクトを取ってきた理由とは

上野樹里守護霊　こんにちは。

松本　こんにちは。上野樹里さんの守護霊様でいらっしゃいますか。

上野樹里守護霊　はい。

松本　本日は本当にありがとうございます。

「のだめカンタービレ 最終楽章　前編」の香港プレミアに出席した上野樹里（2010年2月28日）。

上野樹里守護霊　はい。

松本　私《わたくし》たちもちょっと驚《おどろ》いておりまして、上野さんの守護霊様のほうから、こちらにお出《い》でいただいたというふうに聞いておりますけれども。

上野樹里守護霊　ええ、ええ、はい。そうです。

松本　どういった経緯《けいい》があったのでしょうか。

上野樹里守護霊　いや、今、清水富美加《しみずふみか》さんの件と、あと、能年《のうねん》（玲奈《れな》）さんの件も含《ふく》めて、幸福の科学で本を出されて（『芸能界の「闇《やみ》」に迫《せま》る　レプロ・

清水富美加《しみずふみか》の休養の霊的背景とは。『芸能界の「闇《やみ》」に迫《せま》る　レプロ・本《ほん》間憲《またかし》社長 守護霊《しゅごれい》インタビュー』（幸福の科学広報局編、幸福の科学出版刊）

本間《ほんま》憲《たかし》社長　守護霊インタビュー』（幸福の科学広報局編、幸福の科学出版刊）『守護霊メッセージ　能年玲奈の告白「独立」「改名」「レプロ」「清水富美加」』（大川隆法著、幸福の科学出版刊）参照）、何か救済しようとされているような面もおありかと思いましたんですけども。

まあ、それも非常に大事な仕事だと思ってはおりますけれども、私《わたし》のほうからは、何て言うか……。マスコミっていうのは、気をつけませんと、ゴシップネタで〝全部をドロドロ〟にしてしまって、ダーティーなイメージをつくってしまうこともあるので。

まあ、杞憂《きゆう》かもしれませんけれども、もし、こういうことで、幸福の科学さんのほうが、映画をつくったり、芸術分野に進出されていったりするのに支障《ししょう》が出るようなことがあってはいけないので。ちょっと意地の悪い方もいらっしゃいますから、

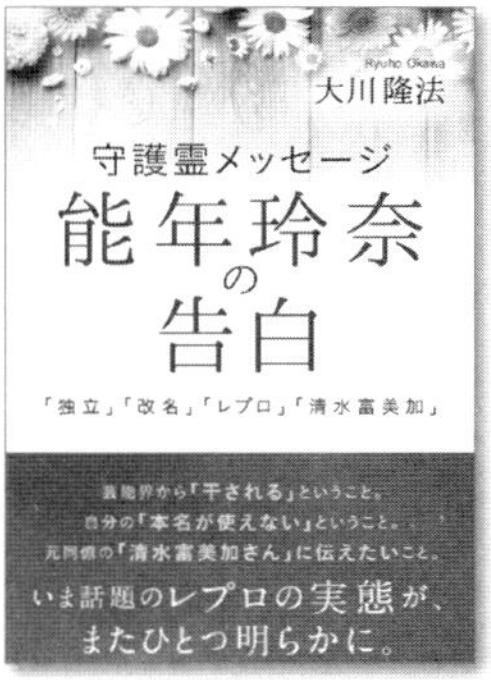

レプロの実態がまた一つ明らかに。
『守護霊メッセージ　能年玲奈の告白
「独立」「改名」「レプロ」「清水富美加」』
（幸福の科学出版刊）

そういうこともあるかもしれないので、同じ事務所ばかりを攻《せ》めていかれると、少し問題があるかと思うんです。

ほかの事務所の芸能人等でも、幸福の科学のほうにシンパシー（共感）を感じておられて、「作品があったら出てみたいな」と思ってるような人もいっぱいいらっしゃるので。私が知ってるかぎりでも、ほかにもいらっしゃいますので、何か、そういう、ちょっと「広い目」を持たれたほうがいいんじゃないかなあというふうに思ってます。

まあ、こういうことはないとは信じたいですけども、もし、富美加さんとか、のん（能年玲奈）さんとかをお救いしたいっていうようなことが、そういう一般《いっぱん》的な映画活動とかに〝引っ掛《か》かったり〟して、「出さない」ように圧力がかかってきたりしたらいけないので、ほかの事務所の人も出しといたほうがいいんじゃないかという「ご提案」です。

こういうときは、みんな嫌《いや》がると思うから、「私でもいいです」ということで言って。まあ、「アー・ユー・ハッピー？」（前掲《ぜんけい》）にも、去年、出していただいたところですので。

ちょっと、ほかの事務所の方にも出ていただいたり、シンパの方等に出ていただいたりして、「幸福の科学の芸術観というのは、もうちょっと幅広《はばひろ》いものだ」っていうところをお見せしといたほうがいいんじゃないかと思うんですね。

だから、レプロにそんな力があるかどうかは分かりませんけれども、万一《まんいつ》、幸福の科学の映画等を（映画館で）かけさせないように〝頑張《がんば》ったり〟するようなことがありましたら、他の事務所のだいたい主演級の人を呼んできて、映画に差し込《こ》めば、かけられると思うんです。おそらくね。ほかの事務所からも呼んできて出せば、たぶんかけられると思うので、その程度のことは、やっぱり、考えておかれたほうがいいんじゃないでしょうか。

そうしないと、あくまでも、「信者と職員だけでつくるんだ」って頑張りすぎて、村八分《むらはちぶ》にされるといけないので。理解してる方は幅広く存在していますので。

私は、今日、そういうことを言いたくて、ちょっと（守護霊インタビューを）買って出たっていうことです。

「義《ぎ》を見てせざるは勇《ゆう》なきなり」と感じて

松本　本当にありがとうございます。心配してくださったということですね。ありがとうございます。

上野樹里守護霊　そうなんです。いや、ちょっとねえ……。まあ、大丈夫《だいじょうぶ》とは思うんですけど、やっぱり、芸能ネタのマスコミって、ちょっと心配なところがあるので。

松本　ああ……。

上野樹里守護霊　どんどんどんどんエスカレートしていって、理性的に限度を決めないで、膨《ふく》らんでいくことがあるので、あんまり、そういうふうになってほしくないとは思うんです。

宗教として、人を助ける仕事はなさって構わないと思うんですが、幸福の科学の芸術活動そのものがですねえ、何かダーティーなもののように持っていかれるのは私も反対で、そういう考えは間違《まちが》ってると思うので、レプロじゃない他の人が出たほうがいいんじゃないかなあと思って。私なんかは、結婚《けっこん》もさせていただいたので、多少、泥《どろ》を被《かぶ》っても構いませんので、こういうところに少し出て。

何か、やっぱり、「義《ぎ》を見てせざるは勇《ゆう》なきなり」っていう感じが、ちょっとするので。

松本　ああ、そうなんですね。

上野樹里守護霊　富美加さんと能年さんだけだと、ちょっと若すぎるし、事務所が一つだし、何か悪い工作でやられるといけないので、「いや、シンパはほかにもいますよ」という申し出です。はい。

松本　ありがとうございます。では、今日はお言葉に甘《あま》えて、ぜひ、いろいろなアドバイスをお聞かせいただければと思います。

上野樹里守護霊　はい。はい。ありがとうございます。

「みんながレプロみたいなところばっかりじゃありません」

松本　私どもも、芸能活動を始めて、もう、何年かになりますけれども、比較《ひかく》的最近になって、グッと力が入り、アクセルを踏《ふ》み込んで活動しています。

上野樹里守護霊　はい。

松本　ただ、まだ慣れていないところもございますし、芸能界のほうも私たちに慣れていないところがあるかと思いまして、そこで、若干《じゃっかん》、不安感のようなものがあるのかもしれないのですが。

でも、実際の「志《こころざし》」としては、美しいもの、よいものを世に広めて、人々の幸福に寄与《きよ》していきたいという願いでやっているものでございます。

また、先ほど、「芸術」というお話もありましたけれども、「宗教から芸術が生まれる」というのは、ある種、常識といいましょうか、いちばん大切なところでございまして、私たちも、そうした意味で、新しい芸術、「人々の幸福に寄与する芸術」というものを生み出していこうとしているわけです。

今、ちょっとお話をお伺《うかが》いしていても、上野さんも、そういう芸術に関しては、ずいぶん考えるところがおありのように感じるのですけれども。

上野樹里守護霊　うん。そうですね。「神秘的なもの」にも、けっこう関心があるし。

あの、アミューズっていう事務所は、ご存じかどうか。ご存じでしょうか？

松本　もちろん、知っています。

上野樹里守護霊　ええ、ええ。おそらく、アミューズに所属しているタレント等には、幸福の科学さんが関心を持つような人がいっぱいいると思うんですよ。たぶん、いっぱいいると思うんで、ほかにも出したい人は、いっぱい存在していると思いますよ。

だけど、あんまり「若い人」をやりすぎると、事務所のほうの締《し》めつけがすごくきついですから。やっぱり、「上の年代」のをまず出してから、下のほうを出さないと。

どうせ、あれでしょう？　佐藤健《さとうたける》君とか、神木隆之介《かみきりゅうのすけ》君だとか、あのあたりにだって関心をお持ちでしょう？　きっとねえ。

松本　はい。

上野樹里守護霊　きっとお持ちだけど、それだと、やっぱり、（事務所側は）「引き抜《ぬ》かれるか」って思って、すぐ防衛し始めると思いますので。

松本　いえいえ。

上野樹里守護霊　やっぱり、「その前に、ちょっと、〝ボール球《だま》〟を投げといたほうがいいですよ」と。〝釣《つ》り球〟を投げて、「ストライクばっかりを取るわけじゃない」というところは出しといたほうがいいんじゃないでしょうかね。

（アミューズは）わりに、そういう幸福の科学的なものが好きな人が多い事務所だと思います。私もそうだし、たぶん、幸福の科学の方もシンパシーを持つことが多いような作品に出てる人が多いんじゃないかなあと思うので。

みんながレプロみたいなところばっかりじゃありませんので。そういうことを、ちょっと言いたかったんですけどねえ。

3 「神秘力」の磨《みが》き方

女優としての演技の幅《はば》や感化力の鍵《かぎ》となるのは「神秘力」

松本　今の芸術論のなかでも、どちらかというと、神秘的なことに興味がおありになるということでしたが、その神秘性のようなことに対する興味というのは、どういったものなのでしょうか。

上野樹里守護霊　うーん、私も、すっごく、何て言うか……、いやあ、うーん。何でしょうかねえ。

まあ、女優としてですけど、最後は、もう、「神秘力の戦い」のような気がしてしかたがないので。

「どれほど、自分の肉体で表現できるもの以上のものを引っ張ってこられるか」っていうような感じがするんですよねえ。

だから、そのへんの開発が、やっぱり、最終的には、多くの人に影響《えいきょう》を与《あた》えたり、感銘《かんめい》を与えたり、自分のこれからの可能性のある演技の幅《はば》を決めるような気がしてならないんですね。

若いうちは、「きれい」だとか、あるいは、「アクションが速い」だとかね、いろんな強みはあるけれども、だんだん、それだけじゃ済まなくなってくるので。いろんな演技ができなきゃいけないから。

「アー・ユー・ハッピー？」（前掲《ぜんけい》）でも言わせていただいたと思うんですけども、「自分が演技をしたら、どんなふうになるかっていう姿が見えてくる」っていうような感じで。（映画「お父さんと伊藤《いとう》さん」のときは）「黒髪《くろかみ》でショートへアっていうシルエットが見えてきた」っていうようなことを言っていますけども、いや、こういうのは、わりあい、芸能界ではそんなにマイナーなことではないんですよ。メジャーなんですよ。

意外に、「この役を演じるとしたら、自分はどういうふうにあるべきか」っていうのを考えたときに、「自分が演じてる姿が、こう、ありありと見えてくる」っていうところがあって、「ああ、こんな感じだ」っていうのが見えてくるんですよねえ。それが見えてくると、それに合わせた自分づくりをしなきゃいけなくなるので。「髪型」から「服装」からですね、その「雰囲気《ふんいき》」や「癖《くせ》」や「動き方」まで出てくる。

だから、「陽《ひ》だまりの彼女」なら、やっぱり、それに合った自分に変わっていかなければいけないし、それが感じられなくて、神秘性が出せなかったら、失敗ですよね。作品としては失敗です。

松本　はい。

上野樹里守護霊　まあ、そういうことで、私のほうは、ある意味では、「予知能力」を磨《みが》きに磨こうとして頑張《がんば》っているわけで（笑）。「こういうふうに演技したらどうなるか」っていう……、「●縁起《えんぎ》の理法《りほう》」ですか？　おたく様の言う。

松本　はい。

上野樹里守護霊　「こういうふうな自分で、こういう演技をしたら、どういうふうに評価されるだろうか」みたいなことを一生懸命《いっしょうけんめい》、こう……。まあ、瞑想《めいそう》とまで言えば大げさですけれども、トロンと、ぼんやりとしながら、うつらうつらと、「未来の自分」の仕事のあり方みたいなのを、心のなかで思い描《えが》いたり、あるいは、予知するみたいな感じのことは、習慣みたいにやっているので。

松本　ほお……。

●縁起の理法　仏教の中心思想の一つで、「因《いん》」（原因）と「縁《えん》」（条件）によって「果《か》」（結果）が現れるという法則のこと。原因・結果の法則ともいわれる。

上野樹里守護霊　うん。だから、宗教に関しては、関心はすごくあります。そういう力を強めてくれるなら、すごくありがたいことですので。

だいたい、宗教性のない女優や俳優っていうのは、基本的に「二流以下」だと思います。

松本　ああ。

上野樹里守護霊　私は、やっぱり、「一流どころ」は、その「神秘性」の部分をみんな知ってなきゃいけないと思うんですよね。うーん。

「芸能界で生き残りたかったら、幸福の科学の著作群は必須《ひっす》」

吉川　「アー・ユー・ハッピー？」編集長の吉川と申します。昨年は、弊誌《へいし》に出てくださり、ありがとうございました。

上野樹里守護霊　いえ、いえ。

吉川　今、「神秘力の戦い」ということだったんですけれども、「宗教性がないのは二流の仕事」ともおっしゃっていましたが……。

上野樹里守護霊　ああ、いや、まあ、それは、私が一流だということになるなら……。あの、まだ、そういう評価をされてるわけじゃないので、ちょっと、言葉が間違《まちが》ってたら許していただきたいんですけど。

吉川　いえいえ。「陽だまりの彼女」を拝見しても、「本当に猫《ねこ》なんじゃないかな」と思うぐらいの演技をしていらっしゃいました。本当に神秘的で、演技とは思えないような自然な演技をされるなと思ったのですけれども、その神秘性を出す秘訣《ひけつ》といいますか、どのように宗教性を出す訓練をしていらっしゃるのでしょうか。

上野樹里守護霊　作品としては、もともとはフィクションなんでしょうけども、そのフィクションのものが、現実に、リアルにあるものだと思って、ありありと想像してですね、それを自分と同一視《どういつし》して、同一人格になっていかなきゃいけない。

本来はフィクションのものなんだけど、それを「自分自身」だと同一視する訓練を、マインドトレーニングをしなきゃいけないんですよね。それで、だんだん、そういう役柄《やくがら》に徹《てっ》して、演じ切るということが非常に大事なんだと思うので。

「陽だまりの彼女」で、もし、神秘性が出せなかったら、失敗作だと私は思うんですよね。だから、それが残らなきゃいけないと思っておりましたですけどね。

うーん、それで、その根本《こんぽん》は、やっぱり宗教的な、霊的《れいてき》な価値観っていうか、「霊界思想《れいかいしそう》」等を学んでいることが大事なことなんじゃないかなあというふうに思います。

その意味で、今、芸能界で生き残りたかったら、やっぱり、幸福の科学の今の著作群、それから霊言本《れいげんぼん》等は、もう、必須《ひっす》だと思いますね。読まなきゃいけないと思う。読んでなかったら、もう、芸ができないと見たほうがいいと思います。

台本だけ覚えて、暗記して、それをしゃべるだけじゃ、こんなの、芸のうちに入ってないんだということですね。

だから、過去とかのいろいろな実在の人物を描く場合でしたら、「乗り移り型」ってよく言ってるように、その人そのものになり切って、実際には、もう、本当に同通してこなければいけないし、〝かかって〟こないようでは駄目《だめ》だと思うんですよね。

まあ、そういうところだし、そういうことを実体験として感じている人であれば、映画とかドラマの「作品選び」のところも、引っ掛《か》かってくるんですよね。

松本　はい。

上野樹里守護霊　「乗り移ってこられるとして、この役はできるか、できないか」。「ちょっと、この人は危なそうだなあ」っていうか（笑）、「これは厳しそうな方だから、これと同通しちゃうと、私、しばらく機能不全になるんじゃないかなあ」というか、悪い言葉で言えば、「人格崩壊《ほうかい》しちゃうかもしれない」と思うような役柄もあるので。

「できない」と思うものは、やっぱり、「できない」と言わざるをえないし、まあ、私も、「できるだけ天国的なものを描きたいな」という気持ちは強く持っているので。

だけど、作品としては、そういうものの供給は、そうたくさんはないんです。天国的な作品っていうのは供給がなくて、むしろ地獄《じごく》的なものが数としては多くて、みんな、それで気分転換《てんかん》、エンターテインメントになるっていうか、それが多いですよねえ。

天国的作品は、やっぱり数が少ないので。

4 「天国的な映画」を数多く世の中に送り出してほしい

「霊《れい》もの」映画の九割は地獄《じごく》的？

上野樹里守護霊　そういう意味で、幸福の科学さん、幸福の科学出版、あるいはニュースター・プロダクションで、今やってるのかもしれませんが、そういう「天国的な作品」を数多く世の中に送り出していく使命があるんじゃないかと思うんですよ。

それは一作、二作っていうんじゃなくて、十、二十、三十、四十、五十と出していって、芸能観を変えていく力があると思うんですね。そういう「善悪」をマスコミ的に批判するだけでなくて、やっぱり、「自分たちでやってみせる」っていう部分ですかね。

だから、私なんか、「陽《ひ》だまり（の彼女）」で描《えが》けなかった、もっと深い霊的《れいてき》な真実まで描き切れたらいいと思うんです。

霊的な映画はあるんですけど、地獄《じごく》的なもののほうが率的には圧倒《あっとう》的に多くて、九割ぐらいはたぶんそうだと思う。だいたい、「悪魔《あくま》」や「憑依《ひょうい》霊」など、「地獄霊型」のものが九割で、「不成仏系《ふじょうぶつ》」ですよね。それが九割です。「幽霊《ゆうれい》もの」ですね、ほとんどね。

もう、天国的なものは一割あるかどうか。そのくらいなので、出たくても、そんなに数がないんですよ。

だから、そのへんは、たとえ大きな映画にならなくても、コンスタントに毎年出し続けてくださったら、すごくありがたいし、啓蒙《けいもう》になるんじゃないかなあというふうに思ってます。

真実の世界はね、価値観は一つですので。この世で議論されるのは結構だけども、私のようにあの世にいる存在から見れば、もう、議論の余地のないことなので。

本当の世界をきっちりと語っているのは、幸福の科学さんだけですから、やっぱり、これを広めるというのは、ものすごく値打ちのあることだと思ってます。

映画館にかかってるのは地獄的なものが多すぎるので。もうちょっと天国的なものを、いろんなかたちでつくっていかないと。

頑《がん》張《ば》って、〝製造工場〟、〝製造ライン〟をつくっていかないと、今のままだと、そんなにまだ続けられないんじゃないかなあと思って、すご

あの世の世界を描いた幸福の科学の映画作品（その一部）

（左）悩みや挫折のなかで苦しむ人々に救いの手を差し伸べる天使の姿を描いた「天使に“アイム・ファイン”」（2016 年公開）。
（中）日本神道の神々や、地球への移住を目指している宇宙人など、霊界と宇宙の神秘をさまざまに描き出したアニメ映画「神秘の法」（2012 年公開）。第 46 回ヒューストン国際映画祭でスペシャル・ジュリー・アワードを受賞した。
（右）霊界の法則や次元構造が描かれたアニメ映画「永遠の法」（2006 年公開）。
※いずれも大川隆法製作総指揮

い心配して……。ちょっと、余計なおせっかいだろうなとは思いつつも、やっぱり心配してます。

今、赤羽博監督《あかばねひろしかんとく》みたいなベテランが（映画「君のまなざし」を）やってると思うんですが、あのくらいのベテランの方だったら、もっともっと「ベテランの俳優」をいっぱい使えるので。

で、実際は、親和性のある方っていうか、こういう霊的なものを理解している人はいっぱいいいるので。あの方は、いろんなベテランもいっぱい起用して使えるはずなので。

もっと制作陣《じん》を充実《じゅうじつ》させて、やる気を出していかないと、〝小さな戦い〟で終わってしまうのは残念だなというふうに思っております。もっともっと、それこそ、〝ハリウッド侵食《しんしょく》〟まで狙《ねら》って、やっていただきたいなあと思ってます。

まあ、アニメは頑張ってらっしゃるかもしれないけど、やっぱり、実写のほうが観《み》られる率は高いですからねえ。実写で一度大きなヒットを記録したら、あとは箔《はく》が付いてですね、いろんなものがつくりやすくなるし、出てくれる方も増えますので。

いやあ、今、どの程度消耗《しょうもう》されてるのかは知らないけれども、このへんでお疲《つか》れにならないで、もっと押《お》し戻《もど》して、押し切って、前へ進む力を持っていただきたいなあと思ってます。

松本　いや、非常に叱咤激励《しったげきれい》されているように感じました。

上野樹里守護霊　そうなんです。

松本　ありがとうございます。

上野樹里守護霊　芸能人なんか、もう万の単位でいますから。出られる人はいっぱいいますから。どうか、あんまり小さく小さく物事を考えたり、戦いを小さくしていかないで、もっともっと……。

実際は、やりたい人はいっぱいいますから。そういう人たちの力を吸い上げて、作品化して出していくところの、もうちょっと大きな〝ポンプ力〟を、できたら持っていただきたいなあと思うんですよ。

松本　はい。

上野樹里が幸福の科学の映画に出演するとしたら、どんな役？

上野樹里守護霊　まあ、そう言っている以上、私だって、それは、ちゃんと役柄《やくがら》をくだされば……。まあ、「いつでも」というわけにはいかないかもしれないけど。予定が少しはありますけども、出られるようなものがあるなら、私だってやってみたいなあという気持ちはあります。

松本　今、おっしゃっているように、幸福の科学の映画に対して、非常に興味をお持ちのようですけれども、もし上野さんが出演されるとすれば、どんな映画に出てみたいとお考えですか。

上野樹里守護霊　うーん、まあ、ずっと若い人との共演というか、二十歳《はたち》前後の人との共演ということになりますと、なかなか年齢《ねんれい》が合わないところもあるかもしれないので、「役どころがあれば」っていう感じですかね。

だから、「恋愛《れんあい》もの」から外されると、なんか女教師役とか、そんなあたりに使われたりしやすいので（笑）（会場笑）。

まあ、まだちょっと、母親役に使われるには少し若いかなあと自分では思ってるんですけどね。もうちょっとすれば、母親役もありえるかもしれませんが、まだ、それよりはちょっとあれだから……。

うーん、少し先輩《せんぱい》の役とか、上司とか、姉だとか、そんな役か、先生? ちょっと年上の先生だとか、そんな役もありえるし。

まあ、霊的な場面だったら、「陽だまり（の彼女）」に出た「魔術師のばあさん役」みたいなのは、ちょっとそこまで私は行きませんけれども（笑）。

まあ、霊的なものだったら、そういうので、やや先輩格の役割みたいなのだったら出れるんじゃないかなあっていうふうには思いますけどねえ。

松本　そうですね。上野さんは、神秘的な表現が抜群《ばつぐん》でいらっしゃいますので、例えば、「人間でもあり、猫《ねこ》でもある」とか……。

上野樹里守護霊　ええ、「乗り移り型」ですから。

だから、本当にいい役、「乗り移ってもいい役」をくだされば（笑）、演じたいと思う。ズバリ悪魔になるみたいなのだったら、ちょっと私、それは逃《に》げますけど。

それは無理ですけど。

松本　ええ。

上野樹里守護霊　なんか、そういう作品をつくってくだされればねえ、出《で》場所があれば、私も考えてみたいと思うし、ほかにも出たい人はいっぱいいますよ、ほんとに。だから、「あの人が出るなら、出れるかな」みたいな感じはあるとは思うので。

松本　そうですね。そう言っていただけると、本当に心強いです。

5　天然で愛される上野樹里の「魅力《みりょく》の秘密」

「心に残る演技」をするための普段《ふだん》の努力とは

松本　（栩坂を指して）こちらにニュースター・プロダクションの人間もおりますので、彼女から訊《き》いてみたいと思います。

上野樹里守護霊　どうも、お世話になります。

栩坂　よろしくお願いいたします。

上野樹里さんの作品は、とても印象的だと言われますが、私も幾《いく》つか作品を観《み》させていただいたんですけれども、いつも、すごく心に残る演技をされているなという印象があります。

上野樹里守護霊　ありがとうございます。

栩坂　心に残る演技をするために、普段《ふだん》はどういった努力をされているのでしょうか。また、ご自身のなかで、中身をいろいろとつくっていらっしゃると思うんですけれども、その裏側を教えていただければと思います。

上野樹里守護霊　うーん、まあ、こういうふうに言うと、気障《きざ》に聞こえるかもしれませんけど、いつも心に「ハートマーク」を描《えが》くようにしているんですよ。「ハートマーク」っていうのは、何だろうか……、うーん。「映画を観る人、あるいは関係する人、いろんな方々に愛の気持ちを届けたい」っていう気持ちは、いつも持ってる。

そういうふうに、自分でイメージしようといつも思ってますし、「愛の心」を届けるに当たっては、何て言うか、いわゆる「天上界《てんじょうかい》の光」ですよね。光でいつも心が充電《じゅうでん》されていなければいけないと思ってますので。自分自身が光を充電して、ポカポカと温《あたた》かい気持ちを持ってなかったら、やっぱり、それをほかの人に伝えていくことは難しいんじゃないかなあと思っているので。

まあ、いろんなことがありますけども、そのなかで、「いかにして、天国的な自分をクリエイトしていくか」っていうことで、日々、そういう創造の努力はしています。

だから、物事の考え方、ものの見方等を、どういうふうに捉《とら》えるか。そのまま情報とかを受け取ると、ちょっと頭も痛くなったり、気分も悪くなったりするようなね？　体調も悪くなるような、そういう情報が多いじゃないですか。芸能ネタは、特にそういうのが多いので。

そのなかにあって、何と言うか、毒されないで、「こういうふうに物事は考えていかなきゃいけないんだ」っていうか、「みんながハッピーになる方向に考えていかなきゃいけないんだ」「悪はできるだけ小さくして、天国的な領域をできるだけ広げたい」っていう気持ちですかね。そういう気持ちはいつも持っているので。

まあ、若い方々が活躍《かつやく》されようとしているのを、特に何か批判的なことを言おうとかいう気持ちはまったくないんですけども、まだ二十代の前半だと、立場的にやや十分でないっていうか、確立していないところがあって。〝人気急上昇中《きゅうじょうしょう》〟でも、幸福の科学全体の、今までやってこられた三十年余りの歴史の「重み」は、全部は表現できてないんじゃないかなという気がするので。

それを表現するには、幸福の科学の思想を伝えつつですね、世の中を照らしていくためには、ある程度、「ベテラン」というか、「芸歴としては確立してきてるタイプの人」をもうちょっと起用しないと、やっぱり、メジャーにならないんじゃないかなっていう気はしています。

私自身については、そういうふうなオールマイティーでは決してありませんけれども、やっぱり、観て、少し心に炎《ほのお》が灯《とも》るっていうか、光が灯るような感じのものを、できたらつくりたいなあと、いつも思っています。

ただ、作品のほうは「向こうから来る」ものが多いので、自分で全部選べるわけじゃないので、それを、どう解釈《かいしゃく》して、どう表現するかのところにしかすぎない。今のところ、そうなんですけどもね。

おたく様の映画なんかでも、悪魔《あくま》的なところをあんまり巨大《きょだい》化して、ドロドロにされないかぎりは、たぶん、天国的なところのほうが多いだろうとは思うので。まあ、創作の片隅《かたすみ》に、私の姿なんかも、ちょっとどっかイメージしてくださってると、ありがたいなあと。

宗教的になる大きなきっかけとなったのは「母の死」

吉川　非常に愛溢《あふ》れるお言葉で驚《おどろ》いたんですけれども、イメージとしては「天然」の方というか……。

上野樹里守護霊　あっ、天然ですよ。

吉川　（笑）

上野樹里守護霊　もう、それはみんなが認めてるから、そのとおりです。

吉川　それでも、天然で愛されるキャラという感じなのは、心の底に、そういう愛の思いがあるからなんだなというふうに感じました。

　確か、地上の上野樹里さんは、中学生ぐらいのころに、お母様を亡《な》くされているとおもうんですけれども。

上野樹里守護霊　ああ、はい、はい。

吉川　そういったときの苦しみの……。

上野樹里守護霊　やっぱり、それも大きいですね。それは、宗教的になるには大きなきっかけだと思っています。

うーん……、できたら本人のほうもですねえ、母親と話ができるような状態に、ほんとはなりたいのかなとは思うんですけどね。なんか、そういうものを感じたいというか……。まあ、感じてはいるんだけども、明確な感じではないので。

やっぱり、そういうのに、人生の発心《ほっしん》というか、立志《りっし》のところがあるじゃないですか。「母を亡くしたということを乗り越《こ》えて活躍しているところを、お母さんに見ていただきたい」みたいな気持ちがあるじゃないですかね。まあ、そんなところですかね。

でも、霊的《れいてき》になったのは、そのへんに関係があるとは思います。身近な人の死を体験することによって、霊的にならざるをえないし、そうならない人は、極《きわ》めて、何て言うかなあ……、まあ、自分をごまかしているか、目をつぶってるか、あるいは、忙《いそが》しさに気を紛《まぎ》らわせて考えないようにしているか、そんなところだと思いますけども。

まあ、幸福の科学の本で、「親の死というのは、どういうふうに受け止めたらいいのか」っていうのは、よく理解させていただいたし、幸福の科学の本では、霊界《れいかい》世界で生きている霊人《れいじん》の姿が、ありありと、いろいろと描かれていますので。そういう意味では、すごく励《はげ》みになるっていうか、ありがたいところはありますよね。

6　今、日本から第二のルネッサンスが起きている

幸福の科学を「宝の山」だと思っている理由

上野樹里守護霊　みんな、死んだらどうなるか、さっぱり分からなくて。映画なんか観《み》ても、幽霊《ゆうれい》になって出てくるか、ポルターガイスト（騒霊《そうれい》現象）を起こすかみたいな、このくらいしかないじゃないですか。あとは悪魔《あくま》みたいなのしか、ほとんどないので。「（死んだら）どうなるんだろう？」っていうところを、ここまでいっぱい表現してくださるっていうのは、すごいことだと思うので。

霊界《れいかい》的なものを広める映画を、もっとつくりましょうよ。なんか、丹波哲郎《たんばてつろう》さんが亡《な》くなってから、そちらのほうも止まっているようですけど、もうちょっと、ズバッと霊界も描《えが》くような映画をつくったらいいんじゃないでしょうかねえ。

うーん、なんかもったいない。資料はいっぱいあるのに、もったいない。「宝の山」なんですよ。

だから、幸福の科学は宝の山。ほんと、宝の山なんで。これはフィクションと言わず、ほんとはノンフィクションなんだけど、地上に生きてる人にとっては、「フィクション」とか「ファンタジー」に当たる内容なんでしょう。だけど、実際は「ノンフィクション」なんですよね。ノンフィクションドラマが、フィクションに感じられるような面白《おもしろ》さを持っている内容なんで。

これは、創作チーム、創造チームが、もうちょっとタフなチームをつくっていけば、できるんじゃないかと思います。

大川隆法の著作は2100書を突破し、そのうち、歴史上の偉人の霊や、現在活躍中の著名人などの守護霊を招霊した公開霊言シリーズは400書を超えている。そのテーマは、宗教をはじめ、政治、経済、教育、科学、芸能など多岐にわたる。

丹波哲郎さんみたいなのだったら、こう、すぐタネが尽《つ》きてきたようなところがあったと思いますが、ここは次々と「新しいオリジナル」が出ているので、これを描くことで、もう一段、霊界観をもっとクリアにいろいろ見せていくことをやってもいいんじゃないかなあと。

誰《だれ》も疑わないですからねえ。それだけの信者のメンバーもいらっしゃるし、組織力や資本力も持っていらっしゃるので、「芸能プロダクション」といって、そう小さく縮こまってやらないで、もう少し力を入れて、「これは、もう一つの伝道セクションそのものなんだ」と、そう思って、どんどん攻《せ》めたほうがいいんじゃないでしょうかね。

これ、悪いことじゃないので。世間《せけん》のマスコミとかは、宗教的な伝道を悪いことのように言われたり、芸能人が広告塔《とう》みたいになることを悪いことのように言われるけども、真実の世界がそうであるならば、それを教えるということは大事なことでして。

「真理を伝える」ということは非常に大事なことで、あらゆる学問や、仕事や、そういう芸術は、みんな、ほんとは、「真理をどういうふうに知らせるか」ということを目指しているけど、逸《そ》れていって、違《ちが》うところに入っているわけですよね。

まあ、言えば、時計の時間の刻《きざ》み方、「何時何分」っていうの？　これが時計の必要な機能なんだけど、そうじゃなく、時計の〝部品〟のほうを、一生懸命《いっしょうけんめい》分解しているうちに、何をやっているのかが分からなくなっているというのが、今の世の中なんじゃないかなあというふうに思うので。やっぱり、作品というかたちで、「総合芸術としての宗教的作品」を出していくことが大事なんじゃないかなあと思います。

今、芸能界にいる者にとっては大きな使命がある

上野樹里守護霊　私は、今、ゲーテや、あるいはシェークスピアみたいな天才が出てる時代だと感じているので。昔の本にも、「第二のルネッサンス」というふうに、

幸福の科学の運動をおっしゃっていたものもあったと思うけども、私は、これはもう、ほんとに一つのルネッサンスなんじゃないかと思うんですよ。「これは、日本に起きている新しいルネッサンス運動なんだ」ということを、まだ分かっていない人がいっぱいいるので。

だから、芸能人のゴシップみたいなので終わらせては、絶対にいけないと思う。それは絶対間違ってるので。それをもうちょっと乗り越《こ》えていかないと、使命が果たせないんじゃないかなと。そこをすごい心配してるので、うーん。

あの、理解者はたくさんいますから。芸能界の何割か、理解者が絶対にいますので、やる気があれば、必ず道は拓《ひら》けると思います。だから、こう、「自分たちをあんまりマイナーなものと思いすぎないでほしいな」というふうに思うんですけどね。

吉川　先ほども、「アミューズには幸福の科学に関心を持っている方が多い」ということでしたが……。

上野樹里守護霊　うん。いっぱいいるんじゃないですか。

吉川　それは、霊的な世界観のところに関心を持っていらっしゃるんでしょうか。

上野樹里守護霊　まあ、幸福の科学のほうも関心を持ってると思うんですけど、なかでやっている人たちにも、幸福の科学的な世界観に関心のある方は多いように、私には感じられるんですけどね。ええ、ええ。

吉川　それは、芸術の世界と霊的なものとに、何かつながりがあるんでしょうか。

上野樹里守護霊　うん。やっぱり、それぞれ使命があるんだろうとは思いますけどもね。そういう使命があるような人たちが集まってる気がしてますけどね。うーん。

松本　いやあ、お話を伺《うかが》っていて、だいぶ我慢《がまん》し切れなくなってきましたが……。

上野樹里守護霊　ハハッ、我慢？（笑）

松本　（笑）女優としての話をいろいろと伺いながら……と思っていたんですけれども、あまりにも幸福の科学のことをよくご存じなので。

上野樹里守護霊　うん。

松本　しかも、本質的なところまでご存じでですね（笑）、一女優としてだけでなく、「いったいどういう方なのか」ということで、今、まったく別の方向に興味が向かってしまっているんですけれども。

上野樹里守護霊　ええ。

松本　幸福の科学を、どういう段階からご覧になっていたんですか？

上野樹里守護霊　うーん、まあ、それは、「女優を始めたころには、もう、とっくにキャッチしていた」っていう感じですかね、ああ。

松本　特に、守護霊様としては……。

上野樹里守護霊　あ、もちろん、それは、「生まれる前から」ってことになりますかね、まあ。

松本　ということは、この時代を意識されてお生まれになったというふうに理解してよろしいんでしょうか。

上野樹里守護霊　いえ、時代はいろいろ生まれてはおりますけれども、まあ、今の時代に生まれたんだったら、何か、ね？　それは、お手伝いしたいですよね、やっぱりね。もったいないですよね、もったいない。

日本人の多くは、まだ幸福の科学っていうのを分かってないっていうか、まだワン・オブ・ゼム（one of them）で、多くある宗教のなかの一つぐらいに見てて、まあ、「一時的に流行《はや》って、消えるぐらいのものかな」と思ってる人のほうが多いんじゃないかと思うのですが、いや、私は、「そんなものではない」と思っているので。

これは、日本発の運動としては、すごいことなのではないかなあと思っているので。

この国の開闢《かいびゃく》のとき、日本神道《しんとう》ができるときに、大変な神々の活動はあったと思いますが、それと同じでありつつ、それを超《こ》えた、「日本が世界に向かって開国していく運動」のように見えるので。

まあ、その意味では、日本が今、世界の霊的な中心になろうとしてるんじゃないかなあと思うので、それはすごい大事な時期で、芸能界にいる者にとっては、おっきな使命があるんじゃないか、お手伝いしなきゃいけない使命があるんじゃないかなと思って。「地獄《じごく》的なものなんか、やってる場合じゃないよ！」と言いたくなります。

松本　（笑）

上野樹里守護霊　それから、「時間潰《つぶ》しのエンタメなんか、やってる場合じゃないぞ」っていう感じですかねえ。「ルネッサンスやってるのが分かってるのか」っていう感じなんですよ。

これは、日本だけでなくて、世界に遺《のこ》らなきゃいけないものだと思うので。その意識でもってやったら、幸福の科学の作品とかいうのはものすごく大事なことなんですよね。

7　上野樹里守護霊からの意外な叱咤激励《しったげきれい》!?

「本、映画、テレビなど、あらゆる手段を使って真理を伝えるべき」

上野樹里守護霊　だから、伝道が悪なんてことはありません。それはね、真実を伝えるんだから、これは大事なことで。まあ、間違《まちが》ったことを伝えるのは、これは悪ですけど、真実を伝えるのは善ですからね。圧倒《あっとう》的善なので。

これはやってもらわないと困るので、あらゆる手段を使ってもらわないと。「本」だけでは無理でしょう。今、本を読める人は、そんなに多くはありませんので。

映像を録《と》っても、これで教団のなかだけでかけたら、やっぱり観《み》られる人は数が限られてますよね。だから、真理を悟《さと》って、自分自身が体現してる人が、「映画」だとか「テレビ」だとか、もっとどんどん出ていって自己表現できる、そういうふうにならなきゃいけないと思います。
まあ、プロダクションをおつくりになるんだったら、「幸福の科学のプロダクションにいるなら超一流《ちょう》だね」って言われるぐらいまで行かなきゃ、やっぱり駄目《だめ》で、志《こころざし》をもっと大きくしないと。
見てて、志がまだ小さいように見えてしかたがないので、もっと頑張《がんば》っていただきたいっていうか、もっと〝太《ふと》っ腹《ぱら》〟になっていただかないと。

松本　はい。

上野樹里守護霊　うーん、「弱い」ですよ、見てて。もっともっと自信を持たないといけないと思う。

松本　いや、本当に申し訳ありません。

今、上野樹里さんの守護霊様にお話を伺《うかが》っているんですけれども、そうすると、あなた様はどういう方なんでしょうか。

上野樹里守護霊　どういう方なんでしょうねえ？　まあ、猫《ねこ》じゃないと思いますよ。

松本　いやいやいや（笑）。いや、もう我慢《がまん》できないので、お訊《き》きしたいんですけれども。

上野樹里守護霊　人間の言葉をしゃべってますが、猫語はしゃべれません。

松本　もう、「ただ者ではない」というのを十分に感じているんですけれども。

上野樹里守護霊　いやいや、今のところ、まだ「ただ者」ですから。

松本　いえいえ、とんでもないです。

上野樹里守護霊　この世的には「ただ者」ですので。

松本　いえいえ。今、守護霊様をやっていらっしゃるあなた様は、どの時代に生きられた方なんですか？

上野樹里守護霊　はあ、ああ……、ちょっと早いんじゃないですか？　テンポが。アッハッハッハッハッハ（笑）。

松本　いえ、そう思って我慢していたんですけど、ちょっと我慢し切れなくなりまして（笑）。とりあえず、少しだけお聞かせ願えますか。あまりにも〝すごすぎる〟

ので。

上野樹里守護霊　そうかなあ？　当たり前なんじゃないですか？

松本　いや、その「当たり前」というところが……。

上野樹里守護霊　いや、外部で見てる人はこのくらいなんだから、なかにいる人は、もっともっと燃えていかないといけないんじゃないですか。

松本　ええ。

上野樹里守護霊　なかで、まさか、村役場みたいな仕事を、みんながされているなんてことはないでしょうね？

松本　（苦笑）はい。

上野樹里守護霊　うんうん。外にいて感じるんで。これは感度の問題ですから。私は感じるので。

「今、新たなルネッサンスを花開かせないともったいない」

上野樹里守護霊　うーん、いや、もったいないですよ。もったいない。だから、大川隆法総裁が生きておられる間に、やっぱり、このルネッサンス、花開かさないと、もったいないので。

松本　はい。

上野樹里守護霊　まあ、お子様がたは、今、働き始められているようには見えますが、やっぱり、年代に差があるので、総裁が三十年間つくられたこの「重み」っていうか、この「宗教的な実績」のところ？　これが、こう、連続しないで、何て言うか、〝断層〟で切れたら、ちょっともったいないなあと思うので。

総裁が頑張っておられるときに、何とか、この芸能系のものを〝太く〟して、あとに遺《のこ》さないと駄目なんじゃないかなというふうに……。

ちょっと、これ、すごく余計なことを言ってますね、私って。

松本　いえ、とんでもないです。

大川総裁が地上に降りられて、さまざまな分野でお仕事をされているわけですけれども、この芸能の分野、芸術の分野においての本格的な活動は、まさに今、始まったばかりだと思うんですね。

上野樹里守護霊　ええ、ええ。

松本　それをやるのは、この時代に生まれた人間たちであり、まだ幸福の科学に集《つど》っていない人間たちも含《ふく》めてですね。それは日本のみならずですけれども。

上野樹里守護霊　ええ、ええ、ええ、ええ。

松本　そうした人たちの力を合わせてやっていかなければ、とうてい、大川総裁の示されるものを芸術として表すには、全然力が足りないのは確かでありまして。あなたも、もしかして、そうした役割の一端《いったん》を担《にな》おうということで、お出《で》になられた……。

上野樹里守護霊　いや、もう、ちょっと、それは出遅《でおく》れているから、まあ、そうでもないでしょうし、結婚《けっこん》したら、女優としてはもうだいたい〝上がり〟かなと思われてることも多いだろうとは思いますが。

「自《みずか》らが巨大《きょだい》な映画製作会社となるぐらいの構想を持ってほしい」

上野樹里守護霊　いやあ、あのね、もっとたくさんの作品をつくれるような会社になってくださいよ。そのくらいになっていただきたい。

うーん、何て言うの？「芸能プロダクションとして、ちょっと大きくなれ」とか言ってるんじゃなくて、やっぱり、「東宝」とか「東映」とか「日活《にっかつ》」とかあるけど、そういうぐらいまでになっていただきたいなあと。自分、自《みずか》らが映画の製作会社みたいな、巨大《きょだい》な？ そのくらいになっていただきたいなあという。その程度の力はきっとあると思います、ほんとに。「思い」を集めれば。

松本　うーん。

上野樹里守護霊　まだそう思っていない人が多くて、一部でやってるだけで、ときどき、気持ち、〝遊びで〟というか、まあ、コウスティング（気晴らし）でやってるみたいにしか見えないところがあるので。
まさか、あなたの仕事の能力で、そこを止めてるなんてことはないでしょうね？

松本　ええ、もう、そうならないように努力しておりますけれども。やはり、大きな「スタジオ」、つまり大きな製作会社を……。

上野樹里守護霊　スタジオもつくらなきゃいけませんよね。それはね、将来ね。

松本　ええ、ええ。

上野樹里守護霊　その程度の「構想」を持ってる人がいないと、やっぱり駄目ですよね。

だから、もっと力をつけたいですねえ。もっと大きくなれるのに、みんなでこう、能力を出し惜《お》しみして、なれないでいるような。なんか、見てると、「一つ」しかできないので、ほかはそのとき「休み」になるからできないみたいな感じでやってるけど、これは、組織のつくり方をもうちょっとお考えになられたほうがいいんじゃないでしょうかねえ?

松本　うーん。

上野樹里守護霊　それぞれで大きくなっていけるようにならなければ、全体的に大きくなることはないでしょう。

だから、ちょっとやっぱり……。まあ、こんな、ここまで私が言ったら言いすぎだけど、もうちょっと、幹部のみなさまがた、少し問題が……、まあ、うーん。

松本　「志」の低さでしょうか。

上野樹里守護霊　「認識」でしょうね。

松本　認識ですか。

上野樹里守護霊　そういう認識ができないんだろうと思うんですね。

松本　「今、何が起きているか」ということに対する認識？

上野樹里守護霊　「〇円使った」とか、まあ、そういうことしか考えていないみたいな認識で、まだやってらっしゃる。

で、「使命感」のほうが弱い。

松本　使命感ですね。

上野樹里守護霊　もっともっと強い使命感を持たないといけないんじゃないかなあとは。

松本　成すべきことは何かということですね。

「真理を作品のなかに埋《う》め込《こ》めるような創作プロジェクトを」

上野樹里守護霊　創作陣《じん》のほうで言えば、まあ、総裁が説かれた御法話《ごほうわ》はいっぱいありますが、それは、必ずしも映画のストーリー風に説かれているわけではないけれども、このいろんな真理を切り取って、大事なところを作品のなかに埋《う》め込《こ》んで、これをつくり出していくところ、この創作プロジェクトのところは、もっと大きなものがないといけないんじゃないでしょうかねえ。

松本　ええ。

上野樹里守護霊　だから、私は、大川総裁が自らペンを取って、作品原案とかストーリーとかをお書きになっているのを見てて、「弟子《でし》は何してんだあ!」って、やっぱり、バチバチバチバチバチバチバチバチッと、竹の根鞭《ねむち》で叩《たた》きたくなる感じはくるんです。ちょっと、「のだめ」みたいになってくるかもしれないけど。

松本　（笑）

上野樹里守護霊　なんか、ちょっと、そういう感じはありますね。「弟子は何してんだあ！」っていう感じですかねえ。

全世界に組織を持つ幸福の科学の可能性とは

松本　そういう意味では、今、ＨＳＵ（ハッピー・サイエンス・ユニバーシティ）には未来創造学部というものもできておりますし、そうしたことのお手伝いをしたいと強く思っている人間も多いんですね。

そういった若い人たちの姿もご覧になっていらっしゃいますか。

上野樹里守護霊　いや、若い人たちは、みんな、「村役場の下へ下へ」入っていくような感じの仕事をさせられるんだったら、「これはたまらないな」と思って。もう、エネルギーロスというか、人生のロスになっていくので。なんか、突破口《とっぱこう》を開けないと、駄目なんじゃないですか。

だから、映画をつくるのもいいけどねえ、やっぱり、「映画をつくりたい」っていう企画《きかく》が、年に二十本も三十本も上がってくるようじゃないと駄目なんですよ。そのくらいのなかから、「よし、これで行こうか」というような感じで選んで、順番に出していくぐらいの、そういうリソースフルな考えがないと。

松本　うーん。

上野樹里守護霊　詰《つ》まってるじゃないですか、見てて。こんなの仕事じゃないですよ。もっとガンガン行かないと。これ、仕事のやり方、全部おかしいですよ、見てて。だから、「何かしかできない」みたいな感じになっているので。

日本全体を耕すんでしょう？　だったら、もっとガンガンやらないと。

日本映画なんか、「ヒットした」って言ったって、海外へ行くとねえ……。もう、日本で百億円の興行収入があったって、海外へ行くと、「一億円もあれば最高」っていうぐらいですから、日本映画として。その程度の、何て言うか、「発信力」が弱いんですよ。

でも、世界組織を持ってる宗教があれば、これを突破する可能性は、私はあると思うので。そういう意味で、「教え」と「文化」を融合《ゆうごう》させて広めることが可能なんじゃないでしょうかねえ。

松本　うん、うん。

「良心に反する演技をしている人はいっぱいいる」

栩坂　お話を伺っていて、視野がものすごく広いなあと感じています。

上野樹里守護霊　いや、年を取ってるだけなんですよ、少しだけ。

栩坂　いえいえ。創作のところから、組織論、幸福の科学の伝道について、あるいは使命など、いろいろお話ししていただきました。

そうなると、今世《こんぜ》、地上のご本人が持っていらっしゃる使命ですとか、魂《たましい》の持っていらっしゃる使命というのは、どういったものなんでしょうか。

上野樹里守護霊　まあ、ある程度の自己実現をできたことはあるんですけども、まだ完全燃焼していない感じは、自分では持っているので。「そういう時期が来る」っていうか、「歯車が嚙《か》み合って、出てこれるといいなあ」と思っております。

うーん、幸福の科学さんにもっと頑張っていただきたいなあ。

いや、はっきり言って、世の中、上映するほどの値打ちもない作品に満ち溢《あふ》れているので。もう、映画館のスクリーンがもったいない感じもするぐらいなので、もうちょっと何とかしたいところですねえ。

松本　今おっしゃっている「上映する価値」など、ご自身のなかで、かなり基準をお持ちだというのがはっきり分かるんですけれども。

上野樹里守護霊　ええ。

松本　上野さんの守護霊様としては、「美の基準」、あるいは、「芸術として表現すべき基準」について、どのようにお考えでしょうか。

上野樹里守護霊　まあ、とにかくですねえ、「その映画やドラマを観たら、悪霊憑依《あくれいひょうい》が増えていく」ようなものは、本当は、放送倫理《りんり》に引っ掛《か》からなきゃいけないものなんだけど（笑）、そんなこと分かってないので。全然分かってなくて、どんどん倫理が甘《あま》くて、なんか青少年にも悪影響《あくえいきょう》を与《あた》えるようなものでも、要するに、「ヒットをしておればいい」っていうか。まあ、「ヒットしたマンガとか小説に基《もと》づいておればいい」みたいな感じで。

もちろん、表現の自由とか、ありますけどね。これは、両方そうなんでしょうけど。宗教映画だって、表現の自由に守られてはいるんだろうけど。

だから、「価値判断しない」ということで、自由放任されてるけど、放任されてよくなるならいいけど、この悪いもののシェアがだんだん増えてきている。

特に、今、不況期《ふきょうき》をちょっと感じているので。出版や映画、テレビ関連は、ちょっと不況を感じてますのでね。とにかく、お金になるものを目指していて、いい作品よりは、やっぱり、「お金になるか。視聴率《しちょうりつ》が取れるか」っていうところにもう絞《しぼ》られていっているので、結論的には。

だから、あんまり「エロ・グロ・ナンセンス系」のものが、これからまた、どんどん幅《はば》を利《き》かせていくようだったら、これは、「つくる側」とか、あるいは「放送側」の責任だけでなくて。やっぱり、「演技する私たちの側」でも、そのへんの好き嫌《きら》い等の意見は言ったほうがいいんじゃないかなあというふうに思うんですよね。

私たちは、これを感知する能力が高い人が多いので、「この役はちょっとまずいんじゃないかなあ」とか、いろいろ感じるのは感じるんです。

だけど、今、報道されているように、「事務所に脅《おど》されて、『これに出ろ』と言われたら、台本を覚えて演じる」というかたちですよね。

そういう意味で、良心に反する演技をしている人はいっぱいいらっしゃると思うので、これは、全体を大掃除《おおそうじ》しないと、やっぱり、いけないんじゃないかなあと思いますねえ。

だから、清水富美加《しみずふみか》さんの問題なんかでも、「これから上映されるものだから、あんまり言ってはいけない」ということになってはいるんだろうけども、マンガとか小説とかで、地獄《じごく》的なものもすぐ映画にしたがるので。一定の読者とかがいて、そういう動員の見込みがあれば、する気があるけども。でも、「本来、天使の仕事をしなきゃいけない人が、そちらのほうに加担《かたん》するのでは困る」というようなことで、これは、天上界《てんじょうかい》から〝ブレーキがかかって〟きたんだろうと思うんですよ。それを、その業界では、まるで、「横槍《よこやり》が入って、仕事の邪魔《じゃま》をされた」みたいな言い方をずいぶんなさっているようで。

これは、価値基準がないっていうか、倫理が立っていない証拠《しょうこ》ですよね。やっぱり、〝悪魔の業務〟は止めなきゃいけないのであって、うーん。

それは、あなたがたが、「講談社フライデー事件」からずっとやってきたことなのではないかと思いますけどねえ。マスコミも、いい報道なら結構ですけど、地獄的になった、価値観を引っ繰《く》り返すような報道ばっかりするんだったら、お金の無駄、時間の無駄、人生の無駄ですので。

幸福の科学は「宗教の枠《わく》」をとっくに超《こ》えている

上野樹里守護霊　だから、そのへんの、「幸福の科学的価値観」を、もう一段強く日本に浸透《しんとう》させなきゃいけないんじゃないかな。

ちょっと弱い。弱いっていうのは、大川隆法さん個人の名前と、その本の数に頼《たよ》

●講談社フライデー事件　1991年5月より講談社が「週刊フライデー」誌上などで幸福の科学を誹謗《ひぼう》・中傷し始め、同年9月、それに対して信者たちが抗議した出来事。

って、あとの組織自体に、力がもうひとつ出てないようには見えるんですよね。

松本　うーん。

上野樹里守護霊　例えば、ヒットメーカーみたいな人が、いろんなかたちの仕掛けができたり、営業ができたり、ソフト面で協力したり、いろんな業界の人と渡《わた》りをつけたりですねえ、そういうことをするようなタイプの人を、もっともっと持ってないと駄目なんじゃないかなあっていう気がします。

「もう、（幸福の科学は）宗教の枠《わく》はとっくに超《こ》えているんだけど、宗教の枠をとっくに超えていること自体を、その宗教（幸福の科学）のなかにいる人が分かってないんじゃないか」っていう感じがしてしょうがないんですよね。

いや、私たちだって勉強する材料は欲《ほ》しいですよ。勉強する材料っていうのは、（幸福の科学の）霊言集《れいげんしゅう》なんかで、役者とかの守護霊霊言とかでいろいろやってるようなものです。もう、勉強の材料としては、本当にこういうものしかなくて、「ああ、なるほど。こんなふうに考えてるんだ」みたいな感じで、勉強の材料になりますけどね、ほかには芸能界のテキストなんかないですよ。あとは台本を読むだけで。

いわゆる「芸術論」みたいなのも、芸術大学みたいなので教えてるのかもしれないけど、きっと無駄なことだろうと思います。実際に「本当のこと」を教えているのは、幸福の科学から出ているものだけですよね。

だから、私のような者でも意見を言いに来てるわけでして。やっぱり、数を出せば、ある程度の方向が見えてきますからね。いろんな意見の方がいらっしゃるから。例えば、能年《のうねん》さんなんかでも、天使だし、天真爛漫《てんしんらんまん》だし、惜しい人だから使ってあげたいし、まあ、きっと、(幸福の科学の作品に)参加してくださるようになるんじゃないかなとは思いますけれども。ただ、かなり難しい方であることは間違いないですから(笑)。かなり難しいタイプの人であることは分かるので。「天真爛漫

演技の秘訣、人気の秘密が明かされた芸能人の霊言・守護霊霊言

丹波哲郎☆

南原宏治☆

高倉健☆

堺雅人

菅野美穂

香川照之

木村拓哉

岡田准一

唐沢寿明

深田恭子

武井咲

ローラ

綾瀬はるか

北川景子

小川知子

芦川よしみ

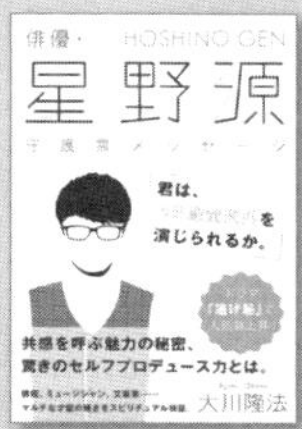

星野源

ナタリー・ポートマン
キーラ・ナイトレイ

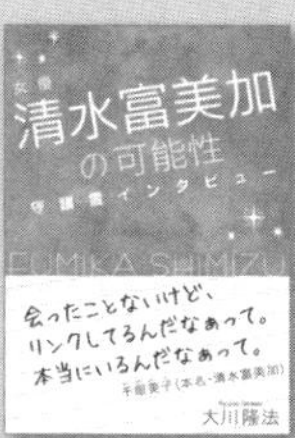

清水富美加
（法名・千眼美子）

雲母

☆……故人の霊言／無印……守護霊霊言

さ」が、今、ちょっと頑《かたく》なに殻《から》を被《かぶ》ってらっしゃるようなところがありますのでね。やっぱり、それに、そのまま幸福の科学が全部乗っかっていくっていうわけにはいかないいんじゃないかなと思うので、「もうちょっと、幸福の科学としてのフィールドワークをしていかなきゃいけないいんじゃないかなあ」という感じですねえ。だから、どんどん〝当たり〟をつけていってくれないと困るんですよ。

松本　うーん。

上野樹里守護霊　私クラスの者でも、まったくの新人オーディションみたいな感じで、役柄《やくがら》のオーディションを受けてくるっていうのは、さすがにしにくいものですから。「この台本で、こういう役があるので、上野さん、出てもらえませんか」みたいなぐらいには持ってきていただかないと、やっぱり出にくいですから。

まあ、そういうふうなかたちで、もう一段のマーケティングをしてくだされば、ありがたいかなあと思うんですけどね。

松本　はい。

8　幸福実現党の政治活動について訊《き》いてみる

幸福実現党にも通じる問題点を指摘《してき》する

吉川　分野はだいぶ違《ちが》うと思うのですが、幸福実現党については、どのようにご覧になっていらっしゃるんですか。幸福の科学がますます発展していく上で、やはり政党のほうも、もっと力を持たなければいけないかなあとは思うんですけれども。

上野樹里守護霊　まあ、人材の問題は、どうしてもあるようには見えますけどねえ。だから、同じだと思うんです、構造的にはね。やっぱり、現役《げんえき》の政治家が来てやれるぐらいの「器《うつわ》」が（幸福実現党に）ないと、現実問題としてはなかなか厳しいものがある。

プロダクションのところでも、「もう信者以外は来てくれない」と思って、〝自家製〟の純粋培養《じゅんすいばいよう》の若手だけで映画をつくろうとしてて、なかなか厳しいものがあるでしょ？　それと同じようなことが政党のほうでもきっと起きていて、自前の、なかの信者だというだけで立候補している人がいっぱいいるんだろうけど、政党は政党で、やっぱり「プロの部分」があるんだろうから。それに、プロで、親和性があったり、実は信者だったりする人はいっぱいいても、おそらくほかの政党に入ってる人は来ないんでしょ？　この「壁《かべ》」が破れなければいけないわけで。

だから、もう一段信仰心《しんこうしん》を高く上げて、強いうねりをつくって、やっぱり勝つところまで行かないと、結局、歴史のなかで普通《ふつう》は埋《う》もれてしまうことになるので。そういう、政治家になって当然の人、あるいは有力な人を、なかに入れて抱《だ》き込《こ》む力がなければ駄目《だめ》なのは、同じなんじゃないかなあと思う。

今のままでは、そんなに大きなものは見えない感じはしてて、私の目から見ると、むしろ幸福の科学のイメージが「プラス」か「マイナス」かは微妙《びみょう》なあたり……。まあ、しばらく〝薄《うす》く〟なっていたのが、再び脚光《きゃっこう》を浴びた感じはあるけれども、正当なほうではあんまり報道しない感じは強いですので。うーん、これだけだと、やっぱり「マイナス」のイメージは強いですね。

実際に政党のほうの力自体は、宗教法人の幸福の科学の力の百分の一もないようには見えるので、同じだと思うんです。閉鎖《へいさ》的な運営をしている部分が出てるし、なかにいる幹部の人たちが、ほかの人たちを受け入れるだけのキャパはないんだと思う。

だから、「自分たちよりベテランの政治家が来ても、彼らをなかに入れられるか」っていうと、それを入れるだけの力がない。俳優で言うと、プロダクションとか自分たちの「若手」で今、練習中の方なんだろうけど、それだと、「ベテランの人たち」を入れるだけのキャパがない。

まったく同じ現象が起きていて、こういう意味で、総裁の持ってる「総合的なパワー」と、「今までの実績の部分」を生かせないでいるんじゃないかなあというふうには思います。

これは、まあ、「人の使い方の問題」ですね。

松本　これは、私たち弟子《でし》の力不足、また、組織力不足ということになると思います。

上野樹里守護霊　うーん、まあ、ほとんどそうなるんじゃ……。言っちゃあ悪いかもしれないけど、でも、現実はそうだと思いますねえ。

松本　ええ、深く反省いたします。

上野樹里守護霊　だから、「自分だったらできる仕事」で見てるんじゃないかなあと思う。自分ができる仕事をしているだけで。

政党でもそうですけども、信者だったら、政治のほうでやりたいと思い込んで、手を上げたら立候補者になって出る。だけど、会員のなかでも全然知名度ゼロで、まったく知らない。「どこの誰《だれ》なの？　あの人、全然知らない人ね」っていうような感じで、外の人もまったく知らない。この状態で立候補して、票が少ない。そして、落ちる。それで、幸福の科学は、「仕事ができないか」、「教団が小さいか」、「影響《えいきょう》がないか」みたいに思われて、マイナスのレッテルを貼《は》られる。そういうことになりますよね。

「弟子《でし》の考え方が小さい」のは問題

上野樹里守護霊　だから、今回（清水富美加《しみずふみか》さんの「出家《しゅっけ》」をめぐる件）もそうで、ちょっと気をつけないといけないのは、信者やあなたがたから見て、シンパになれるかと思う人を呼び込もうとしているかもしれないけども、〝本当のシンパ〟はほかにたくさんいるので。そういう人たちにも門を広げて、〝受け入れる態度〟を示

郵便はがき

料金受取人払郵便

赤坂局承認

8228

差出有効期間
平成29年11月
30日まで
(切手不要)

1078790

112

東京都港区赤坂2丁目10−14
幸福の科学出版(株)
愛読者アンケート係 行

ご購読ありがとうございました。
お手数ですが、今回ご購読いただいた書籍名をご記入ください。

書籍名

フリガナ お名前	男・女	歳
ご住所 〒 都道府県		
お電話( ) −		
e-mail アドレス		
ご職業 ①会社員 ②会社役員 ③経営者 ④公務員 ⑤教員・研究者 ⑥自営業 ⑦主婦 ⑧学生 ⑨パート・アルバイト ⑩他( )		
今後、弊社の新刊案内などをお送りしてもよろしいですか? (はい・いいえ)		

愛読者プレゼント☆アンケート

ご購読ありがとうございました。今後の参考とさせていただきますので、下記の質問にお答えください。抽選で幸福の科学出版の書籍・雑誌をプレゼント致します。（発表は発送をもってかえさせていただきます）

1 本書をどのようにお知りになりましたか？

①新聞広告を見て［新聞名：　　　］
②ネット広告を見て［ウェブサイト名：　　　］
③書店で見て　④ネット書店で見て　⑤幸福の科学出版のウェブサイト
⑥人に勧められて　⑦幸福の科学の小冊子　⑧月刊「ザ・リバティ」
⑨月刊「アー・ユー・ハッピー？」　⑩ラジオ番組「天使のモーニングコール」
⑪その他（　　　）

2 本書をお読みになったご感想をお書きください。

3 今後読みたいテーマなどがありましたら、お書きください。

ご感想を匿名にて広告等に掲載させていただくことがございます。ご記入いただきました個人情報については、同意なく他の目的で使用することはございません。

ご協力ありがとうございました。

さないと。

「小さな戦い」にしてしまうと、やっぱり、教団全体がマイナスイメージになる可能性があるので、まあ、一部、そういうのはあってもいいけど、それを全部、押《お》し流していくだけの大きさを持っていないと駄目で。

やっぱり、これは、ことごとく弟子《でし》の部門の責任だと私は思います。「小さい」んです。弟子のほうの考え方がすごく「小さい」んです。自分のできる範囲《はんい》にしていくから。それが、「使えるような、〝もっと小さい人〟を使っていく」という感じになっていくので。

だから、「自分よりも能力のある人や優《すぐ》れた人を使っていこう」っていうかなあ、そういう気持ちを持てるだけでも人物は大きいんでしょうけど、そういう気持ちが、やっぱりない。年齢《ねんれい》的なものもあるのかもしれなくて、若い人の場合は、「能力」があっても「年齢」がないと使えないし、年が上の幹部の方は、「年齢」と「経験」はあるけど「能力」がない人も多くって。

例えば、芸能界なんかだったら、才能はもう早めに……、もう、二十代、三十ぐらいまでには、だいたい判定がついてきますから。
実際、四十、五十の人がやっても、自分自身のイメージがあるでしょう? 「役者経験がある」とか、「芸能関係にちょっとかかわったことがある」とかいう人であっても、自分のイメージがあるから、自分の能力の範囲内でしか描《えが》けない。それが〝縮めていく理由〟だろうと思うんですよね。

松本 やはり、私たち弟子が、自分の器に合わせるのではなく、「大川隆法総裁が説かれる教えに合わせていく」ということをきちんと考えて、それをいかに実現するかに全力を注《そそ》いでいくことが大切だと思います。それができれば、「自分たちだけの力を超《こ》えて、同じ志《こころざし》を持つ多くの人と力を合わせ、心を合わせていきたい」という気持ちに、自然となってくると思うんですね。
しかし、まだ、そのあたりができていないのは、私たちの未熟さが原因だと思います。

上野樹里守護霊　まあ、「後世《こうせい》で、こういうふうに小さくなる」っていうのなら、ある程度、理解できますけども、同時代に目の前でやっていて、そこで小さくなっていくのが、私たちの目から見ても見えているので。「同時代にやっていて、それが理解できないで、こんなになるのかなあ」っていう感じは、やっぱり、さみしいかぎりですよね。

ここ数年、幸福の科学の「政治・芸能・宗教」活動を気にかけていた

松本　「大川総裁の受け入れる器の大きさ」というものは、間違いなくあるわけですし、それは、上野さんの守護霊様から見ても、そのようにお感じになっていると思うんですが。

上野樹里守護霊　私は、政治のことは詳《くわ》しくは分かりませんけどね、これは専門ではないので。まあ、多少、社会常識もなきゃいけないから、チラチラと読むニュースとかと比べて、政治的な意見を少しお聞きするレベルなんですけれども。

でも、少なくとも、（大川総裁は）「アメリカの大統領がどうなる」とか、「ロシアがどうなるべきか」とか、「中国はどうなるべきか」とか、「日本の首相はこうあるべきだ」とかいう意見を言っておられるでしょう？　本では出しておられますよね。

そういう方の下《した》でやっている人たちが、もう、「ずーっと下のほうの地方選に、やっと通るかどうか」ぐらいですから、これは、たぶん、弟子のところで、まったく〝中継《ちゅうけい》できないでいる〟んじゃないですか。これは、やっぱり、組織運営上は大きなロスがあるんじゃないですかね。

でも、芸能系も、たぶん構造は一緒《いっしょ》で、おそらく、ほかのところも……。まあ、私はよくは知りませんけどね。偉《えら》そうに言っちゃいけないとは思いつつ、言うけども。

例えば、宗教そのものの伝道でも、総裁が話されたことを支部とかに持っていかれたら、まあ、私はよくは知りませんけど、支部長さんの「理解できる範囲」と、その「熱意」と「能力の範囲内」で、それは、おそらく、影響力がずーっと縮まっているんじゃないでしょうかねえ。「この教えがどれほど大事か」ということが言えないために、来たい人だけが来て観《み》ている。

むしろ、今、「マスコミのほうが熱心に潜《もぐ》り込んで聴《き》いている」というような状《じょう》況《きょう》になっているのではないでしょうか。マスコミのほうが、今、偽《にせ》会員になって入ってきて、情報を取っていると思いますけどね。私の（霊言《れいげん》）も、たぶん、マスコミの方のほうが熱心で、録音テープを持って、潜り込んで聴くと思いますが。

だけど、会員さんのほうは、能天気にしていて、「いっぱい来るなあ。そのうち、気が向いたら、どれか観ようかなあ」というぐらいでいらっしゃる方が、たぶん多いんじゃないでしょうかね。

だから、このへん、あっちもこっちも気になる。
まあ、私がこんなことを言っちゃいけないのかもしれないんですけど。

松本　そんなことはないです。

上野樹里守護霊　そんな立場じゃないので、言っちゃいけないのかと思いつつも、うーん……。ここ何年、二年ぐらいかなあ。この二年ぐらいは、大川隆法総裁からの「思念《しねん》」っていうか、「思い」は、上野樹里にもだいぶ来ていたので。たぶん、映画をつくることで、考えておられたからかもしれませんけれども。

そらあ、私だって、うれしくないわけはありませんよ。（映画「陽《ひ》だまりの彼女」のパンフレットを手に取りながら）こういう「陽だまりの彼女」を……、まあ、映画はいっぱいあって、超《ちょう》大ヒットしたわけでもない映画ですし、そこそこのヒットですけども。（大川総裁が）「『これを参考にして、このくらいの映画をつくりたい』

みたいな感じで、標準モデルで考えてくださった」っていうようなことでも。まあ、映画の数はものすごくありますからねえ。邦画《ほうが》だけで（年間）五百本はありますから、それは名誉《めいよ》なことですので。その「念波《ねんぱ》」を私のほうが感じないわけはありませんのでね。

だから、「何とかできないのかなあ」と、もう、いつも思ってはおりましたけどねえ。

9　上野樹里の、驚《おどろ》きの霊的《れいてき》な姿とは？

上野樹里守護霊の天上界《てんじょうかい》での役割とは

吉川　映画に関しても、政治に関しても、宗教本体に関してもそうなんですけれども、今後、当会が成功していくためには、やはり、私たち一人ひとりが、さらに包《ほう》容力《ようりょく》を身につけたり、人としての魅力《みりょく》を増していったりしなければいけないないなと感じています。

上野さんは、義理の母といいますか、お姑《しゅうとめ》さんが、平野《ひらの》レミさんというとても個性的な方でいらっしゃいますが、非常にうまく人間関係を築かれているとお伺《うかが》いしています。

そのへんの、どんな方とでも仲良くなれるような秘訣《ひけつ》や、包容力を身につける秘訣のようなものがあれば、教えていただければと思います。

上野樹里守護霊　いやあ、それは、ちょっと難しくて分かりませんが、「天然キャラ」といわれているように、初めて会えば、「おバカキャラ」と思われることが多いので、みんな油断して、全部、中身を開けて見せてくださる方が多いんじゃないかなあとは思うんです。それで、懐《ふところ》に入りやすいところはあるのかなと思うし。

まあ、今日は、かなり厳しいこととか批判的なことも申し上げたので、「えぇっ？　こんなことを言っていいのか」と言われる方もあるかとは思うんですけども。

いやあ、（清水富美加《しみずふみか》さんだけではなく）私もやっぱり、〝眼がいっぱいある〟ような感じがあるので（笑）。たくさん、いろんなものが見えているところ、世の中のいろんな人とか事象が見えているところは、私にもあるので。

うーん……、そうですね、「同じような仕事をしている」という意味では、そうかなあとは思っています。

松本　守護霊様は、普段《ふだん》、どのような世界に住んでおられるのでしょうか。

上野樹里守護霊　まあ、もちろん、本人の指導はしておりますけれども……。

松本　それだけではないですよね？　今、お話をお伺いしていると。

上野樹里守護霊　ええ、そうです。私としては、もう、ちゃんとした……、まあ、何ていう言い方をするの？　やっぱり、「観音様《かんのんさま》」って言うんですか？　あなたがたの言葉で言うと。

観音像

松本　ああ……。

上野樹里守護霊　その世界の住人ではあるので。それは、おたくの職員のなかにも、だいぶいらっしゃるとは思いますけれども、そういうのではなくて、一般《いっぱん》の仕事（をしている人）のなかにもいるわけですので。

だから、そういう似たような大きな光を感じたら、やっぱり、それは反応、感応してくるのは当然ですよねえ。

松本　なるほど。お近くのお知り合いや、一緒《いっしょ》にお仕事をされている方のなかに、誰《だれ》か、私たちが知っているような霊人《れいじん》の方はいらっしゃいますか？

上野樹里守護霊　うーん……。（約五秒間の沈黙《ちんもく》）おたくで言えば、千手真理子《せんじゅまりこ》さん（幸福の科学副理事長 兼《けん》 国際本部担当）とか、ああいう方の守護霊は「仲間」

ですので、よく知っています。

松本　では、もう本当に、私たちとも深い縁《えん》なんですね。

上野樹里守護霊　うーん……、年齢《ねんれい》的に言えばねえ、チャンスが合えば、もうちょっと手伝えるチャンスはあったんだとは思うんですけども。それでも、三十ぐらいですので、まだ……。（吉川に）いや、そんなに変わらないですよね？

吉川　そうですね。私のほうが少し上です。すみません（笑）。

上野樹里守護霊　（笑）うーん、うん、うん。まあ、微妙《びみょう》なあたりで、まだ仕事ができないわけではないとは思う。

松本　なるほど。

上野樹里守護霊　ただ、今、女優業系でやってはいるので。あと、私のほうは、作品がね、自分ならできるような作品とかに出会えたら、大きな仕事ができるかなとは思ってるんですけど。

なかなかねえ、地上の作品群も、そんなに……、まあ、〝もういっちょ〟なんですよね。三割ぐらい自己表現ができればいいほうかな。たまにいいのが当たったら、「五割ぐらい出せるかなあ」というぐらいのところで、なかなか、〝ドンピシャ〟のはないですねえ。

過去世《かこぜ》は言えないが、幸福の科学の女性幹部と同じ世界にいる

松本　守護霊様ご自身についてお伺いしたいのですが、過去世《かこぜ》においても、そうし

た「表現のお仕事」をされていたのですか。それとも、何か宗教的なお仕事をされていたのでしょうか。

上野樹里守護霊　うーん……。まあ、私自身は、人間で生まれている回数はそう多くはないんです。そんなに多くは生まれてきていないので。現実は、天上界《てんじょうかい》での仕事のほうが長いことは長いです。

松本　……あっ、ちょっと、今、言葉を失ってしまったんですけれども（笑）。とはいえ、何らかの時代にお生まれになったこともあったと思うんですが。

上野樹里守護霊　うーん……。それを言うと、もう、信者でなければいけないようなあれが出てきますから。まだ、〝この世的手続き〟ができていないので。

松本　ああ、いえ、いえ、いえ。

上野樹里守護霊　それは、ちょっとまずい。〝フライング〟になるのではないかと思います。

だから、霊界《れいかい》の友達で言うと、幸福の科学の女性の幹部のみなさまがたと同じ部類に当たるので。〝この世的な手順〟を踏《ふ》んでいないから、それは、あまり言うのはふさわしくないかと思いますけど。

吉川　「この世的に、まだ信者ではない」ということは、何かしら外護《げご》されるような使命をお持ちなんですか？

上野樹里守護霊　何を言ってるんです。おたくの人事局は、私みたいな人は採《と》らないじゃないですか（苦笑）（会場笑）。何？　入れてくれないのに何をおっしゃる。

吉川　そんなことはないと思うんですけど（苦笑）。

上野樹里守護霊　何をおっしゃる。入れてくださらないのに何をおっしゃる。

吉川　（笑）

上野樹里守護霊　最初から採らないじゃないですか、おたくは。

吉川　いや……（笑）。

上野樹里守護霊　おたくは、「役所の仕事」みたいなのをする人ばかり集めるので。私なんか入《はい》れないので。

松本　（苦笑）申し訳ありません。

上野樹里守護霊　入れないんですから、しょうがないでしょう？

松本　……まあ、私たち仲間内《うち》は、基本的に、大川総裁の転生《てんしょう》、魂《たましい》のご分身《ぶんしん》と共に出てくることが多かったのですが……。

上野樹里守護霊　うん、うん。ですから、まあ、そうです。

松本　そういうことですね？

上野樹里守護霊　「そのときには関係ある」ということですが、それは、やっぱり、ちゃんと〝この世の手順〟を踏まないと言ってはいけない。

それこそ、「あなたがたの仕事ができていない」っていうことを、ちょっと言ってしまいましたが、たぶん、もっと傷つくことになると思うので。それを言うと、もっとあなたがたは傷つくから。

ちゃんと〝手順〟を踏んでからじゃないと、「おまえは、この世的に、宗教的に幸福の科学の仕事をやったのか」って言われたら、それは、やっていないですから。やっていないので。「アユハ」に出たぐらい、「アー・ユー・ハッピー?」に出たぐらいですから。それを言う資格はこの世的にはないので、言えませんけど。

ただ、「あなたがたの女性幹部たちと同じ世界にいる」と見て結構です。

カメレオン女優・上野樹里は、やはり「ベガ星人」なのか?

吉川　では、「宇宙人の時代」とかはいかがですか(笑)。

上野樹里守護霊　アッハッハッ（笑）。もう、そこまで……。

吉川　（笑）

上野樹里守護霊　だから、入会して信者になっていないから、それを答えたらおかしいでしょう？

吉川　（笑）「カメレオン女優」ともいわれていらっしゃいますし……。

上野樹里守護霊　じゃあ、そうなんでしょうね。

吉川　（笑）

松本　（笑）私たちが「ベガ」と呼んでいる……。

上野樹里守護霊　うーん、まあ、そうなんでしょうよ。あなたがたがそうおっしゃるなら、そうなんだと思いますけど。

「ＮＳＰの社長には、目を四個か五個ぐらいは持ってほしい」

上野樹里守護霊　ちょっと、おたく様の……、いやあ、これ、言っちゃいけないのかなあ。うーん……。

松本　あっ、いや、どうぞ。遠慮《えんりょ》なさらず。守護霊様でいらっしゃるので。

上野樹里守護霊　いやあ、もう、若い人を登用するのもいいんだけど、若い人を登用することは必ずしもいいことではなくて。年齢で区切って見るので、「自分より下は使いやすいけど、上は使いにくい」と思うような人もいらっしゃるので。そのへん、ちょっと、残っている年上の人たちを、もうちょっとサポートしたり、包容する力は必要なんじゃないでしょうかねえ。
だから、うーん……、まあ、これはカットしてくださって結構ですけど、もう、おたくのプロダクションの社長は、たぶん、私なんか「女性」と思ってないから。ね？

松本・吉川　（笑）

上野樹里守護霊　これは、やっぱり、ちょっと教育する必要がありますよ。「教団の会員の年齢層はもっと高いんですからね。分かってるんですか？」という。
もうちょっと上……、（松本を指して）あなたぐらいの人に気に入られるのが標準ですよね？　このあたりに気に入られるのが標準レベルでしょ？　（松本は五十代

半《なか》ば）

だから、そういう目をもう一つ持っていただかないと。目は千個も要《い》らないけど、二個ぐらいは……、いやあ、二個じゃなくて、四個か五個ぐらいは持っていただかないと、ちょっと困るので。

（吉川に）たぶん、私とかあなたあたりは、「女性」と思ってないから。

吉川　（笑）（会場笑）

上野樹里守護霊　うん、おそらくは。（栩坂に）あなたも思われてないかもしれないけども。

ちょっと、そのへんがね。やっぱり、目はね、千手《せんじゅ》（千眼《せんげん》）観音でなくてもいいけど、世の中のいろんなものに影響《えいきょう》を与《あた》えようとする仕事に立つ人は、自分になければ、ほかの人の目も加えなければいけないんじゃないでしょうか。

（吉川に）お互《たが》い、「女」と思われていない者同士ねえ、慰《なぐさ》め合わないといけないんですけど。

吉川　（笑）

上野樹里守護霊　（線引きするようなしぐさをしながら）「使命があるか」と言ったって、もともと、切られてますからねえ。

吉川　はい（笑）。

上野樹里守護霊　「対象外」になってるから、ちょっとねえ。だから、あとは、ちょい役で、年取ったばあさんになったら、（映画「陽《ひ》だまりの彼女」の）「猫《ねこ》を生まれ変わらせる役がいい」っていうような感じ。たぶん、七十ぐらいになったら、そういう仕事には出してくれるのかとは思いますが。

10　自《みずか》らの「使命」と「幸福の科学への期待」を語る

「幸福の科学の教えの流れを、全部知っている」

松本　先ほど、「ルネッサンス」という言葉を何回か出していらっしゃいました。

上野樹里守護霊　はい、はい、はい。

松本　やはり、あの時代と何か関係があるんでしょうか。

上野樹里守護霊　うーん。というか、「おたく様の教えの流れを、全部知っている」ということですよね。「(幸福の科学の) 初動期《しょどうき》から見守っていた」ということなので、私としては。

松本　幸福の科学が立宗《りっしゅう》して三十年がたちます。つまり、ちょうど上野樹里さんが地上にお生まれになるころに始まっているので、守護霊様としては、「そのあたりから、ちゃんと見ていた」ということですよね。

上野樹里守護霊　うん。

「二十歳《はたち》前後じゃないと駄目《だめ》」ではいけない理由

上野樹里守護霊　だから、あとは、総裁補佐《ほさ》をしておられる方（大川紫央《しお》）あたりに気に入ってもらわないと、出番がないかなあと思ってはいますけどもねえ。

年代的には、みんな近いあたりの年代でございますのでねえ。このへんの、「横の連帯」をもうちょっと、ね？

吉川　（笑）

上野樹里守護霊　「三十路《みそじ》の女も女だ」ということを、やっぱり……。そういう本を出してくださいよ（会場笑）。『三十路の女でも女である』っていう。

松本　「アユハ」（月刊「アー・ユー・ハッピー？」）の特集で（笑）。

上野樹里守護霊　それを出してくれないと、何か、「二十歳《はたち》前後じゃないと駄目《だめ》」みたいな感じがしてしょうがないんですよねえ。もう少し上の人も使えないと。どうですかねえ？　使ってくださいよ。

松本　今後、「映画をたくさんつくって、どんどん打っていく」ということであれば、若い人向けのものがあってもいいし、小さなお子さんをお持ちのお母様向けのものがあってもいいし、お年寄り向けもあってもいい。そうなってきますと、確かに、本当に多くの方の才能が必要になってきますよね。

上野樹里守護霊　まあ、教団的に見れば、あなた（松本）が感じる感性ぐらいが中道《ちゅうどう》だと思わなければいけないということです。そうしたら、（吉川を指して）すごく若いでしょ？

松本　はい、若いです。

上野樹里守護霊　キラキラ輝《かがや》いてるでしょう？　このあたりは。ね？

松本　はい。輝いて見えます（笑）。

上野樹里守護霊　そういうふうに見えなきゃいけないいんですよ。ね？　それが自然な見方であるんですよね。

松本　（笑）

上野樹里守護霊　だからねえ、あんまり若い人がお好きなような気がして。まあ、それでもいいんですけども、育てなきゃいけないのでね。そういう人たちを育てるのには、時間がかかるでしょう。

すでに、ある程度芸歴があって、できる人もいらっしゃるので。そのなかには、関心を持ってる人もいるけど、自分からは、こうやって来れない人がいっぱいいるから、こちらのほうのマーケティングも、もうちょっとありえるんじゃないかなあ、と。

松本　うーん。

上野樹里守護霊　例えば、一人をゲットすれば、その人の知り合いのなかに、「実は私も関心がある」とか、「手伝いたい」とか思う方はいらっしゃるので、大丈夫《だいじょうぶ》だと思います。

創価学会《そうかがっかい》に比べて幸福の科学の評判が悪いなんてことは全然ありませんから、いろんなものに出演することが不可能なんてことはありませんし、コマーシャルにだって、絶対、出られるはずなので。

やっぱり、そのくらいまでは、この世的に、「仕事のレベル」で、弟子《でし》たちでつくらなければいけないところだと思うんですね。

先生のところは、天上界《てんじょうかい》と交流しなきゃいけないから、いろんなこの世の仕事を煩瑣《はんさ》にするのは、あまりよろしいことではないというのは、私も分かってますけど。

弟子のほうは、そのへんのですねえ、まあ、霊能者《れいのうしゃ》になっちゃった人はちょっと厳しいかもしれないけど、それ以外の人は、この世的な部分を、「仕事としてもう少しちゃんと進めないといけない」んじゃないでしょうか。

何か、批判ばっかりして……。（吉川に）やっぱり、三十路は口がうるさくなりますかねえ（会場笑）。嫌《きら》われますね、お互《たが》いねえ。

松本　いえいえ、とんでもないです。

上野樹里守護霊　退《ひ》き時は難しいですかね（会場笑）。

〝ニュースター・プラスアルファ〟を提案する上野樹里守護霊

松本　今日は、「竹刀《しない》でたくさん打ち込《こ》まれた」という感じです。決して〝M〟ではないんですけれども、ある意味、たいへん気持ちよくお話を聞かせていただきました。

ところで、冒頭《ぼうとう》で大川総裁が、上野樹里さんについて、「まだ最高傑作《けっさく》には出会っていないのではないか」とおっしゃっていましたが……。

上野樹里守護霊　そうだと思います。

松本　「最高傑作に出会いたい」という気持ちはおありですよね？

上野樹里守護霊　あります。あります。

でも、たぶん、（ニュースター・プロダクションは）私の年代を「主役」にする気持ちはまったくないだろうと思われるので。そういう役は回ってこないとは思うから、まあ、「脇役《わきやく》」を狙《ねら》うしかないのかなあとは思いますけどね。

松本　ただ、そのあたりについては、ニュースター・プロダクションの社長が、これからも広く考えていかれると思いますので、そういう可能性も十分あると、私は思っております。

上野樹里守護霊　いやあ、あなたみたいに、（頭を前から後ろになでながら）だいぶ〝後退〟してきた方は頼《たの》もしいところがあるので、まあ、〝ニュースター・プラスアルファ〟とか何か、やってもいいんじゃないですか。そういうのを。ねえ？（ニュースター・プロダクションが）若いイメージだけでやるんだったら、少し違《ちが》うイメージの部分は、ブランドを少し変えてやってもいいんじゃないですかねえ。そんな感じはしますけど。

松本　マルチブランド戦略ですか。

上野樹里守護霊　うん。同じブランドのなかでできないものって、あるじゃないですか。例えば、「カルティエ」と「ヴァン クリーフ（&アーペル）」は、「リシュモン」という同じ会社がやっていて、違うブランドを出してるんですよね。「カルティエ」は色っぽい女性用のをやって、「ヴァン クリーフ」はかわいい女性用のをやって、ブランドを変えて、ブランド戦略を分けています。

だから、若い人に受けるようなものを狙うなら、まあ、それも〝一つの色〟だから、それでやってもいいけども、もうちょっと上の年齢《ねんれい》層の人たちまでターゲットにするんだったら、やっぱり、脚本《きゃくほん》や監督《かんとく》あたりまで含《ふく》めて、ちょっと〝違う部分〟をつくらないと難しいんじゃないでしょうかねえ。

「シャーリー・マクレーンのような仕事をしたい」

松本　あなたは、女優さんであり、宗教家でもありながら、今、マーケティング戦略のほうにも……（笑）。

上野樹里守護霊　ちょっと言いすぎましたかねえ。

松本　うーん。どういうことでしょうか。もう少し、あなた様に関してのヒントを頂けますか。

上野樹里守護霊　（吉川に）いやあ、一緒《いっしょ》ですよね？　年齢的に、考えはこんなものですよね？

吉川　いえ、本当に、非常に幅広《はばひろ》く考えていらっしゃいますし、たくさんの知識もお持ちですし……。

上野樹里守護霊　いえ、そんなことはありませんけど。

松本　あなた様の実体に関して、もう少し何かヒントを頂けないでしょうか。

上野樹里守護霊　いやあ、それは……。私は、まだ、単なる民間の一女優なので、それ以上のことは申し上げられないと思うんですけど。

でも、もうちょっと芸能的に活躍《かつやく》ができれば、きっと、何と言うか、一昔《ひとむかし》前に、アメリカのシャーリー・マクレーンが、〝大伝道師〟にもなって、ニューエイジの旗手になったじゃないですか。

松本　はい。

上野樹里守護霊　ああいう役割をする人は必要だろうと思ってるので、何か、そういうふうなことができればいいなあと思っています。

そのあたりまでできれば、私の今回の使命としてはいいのかなあと。

●シャーリー・マクレーン（1934 〜）　アメリカの女優。1955 年「ハリーの災難」で映画デビュー。1983 年、「愛と追憶の日々」でアカデミー主演女優賞を受賞した。また、同年に発刊した自著『アウト・オン・ア・リム』のなかで自《みずか》らの神秘体験を語り、ニューエイジの旗手としても知られる。

だから、芸能界でやっていくなら、最終的には、シャーリー・マクレーン風の仕事、まあ、日本で言えば、丹波哲郎《たんばてつろう》的な仕事ぐらいまでやれたらいいかな、と。どっちがいいか……。そのまま仕事をしながら、そういうものを広めていけるのであれば、要するに、自信がついてきて、仕事をしていけるなら、それでもいいのかなあとは思っているんですけども。

松本　なるほど。

上野樹里守護霊　おたく様のなかに行くと、〝村役場の戸籍《こせき》係〟みたいになるので、仕事ができるのかどうか、ちょっと……。あんまり自信がないので。

松本　私たちも、これからも、どんどん自己変革をし、組織としての変革もしていきますので、当然、上野樹里さんに入っていただけるような状況《じょうきょう》になるとは思います。

それに、今日、お話を伺《うかが》って、「実際、外にいるいろいろな方々とも一緒に仕事ができるようなキャパシティーを持った組織になっていきたい」と、改めて強く思いました。

上野樹里守護霊　まあ、同年齢ですけども、私は、おたくの国際本部を担当されている方で、以前はイシス真理子《まりこ》さんといわれた方、今は、千手《せんじゅ》真理子さんといわれている方と「同格」です。

松本　はあ……。

吉川　では、過去世《かこぜ》で……。

上野樹里守護霊　まあ、それは、そういう立場でなければ明かしません。明かしても無駄なことになりますので。在野《ざいや》の女優としては、「のだめ」、「野田恵《のだめぐみ》」(「のだめカンタービレ」の主人公の名前)と言うしかありません。

栩坂　今、芸能界で、こういった使命を持っている方がたくさん出てきていらっしゃいますが、日本の芸能界に対しての神の計画のようなものがあったのでしょうか。

上野樹里守護霊　あると思いますよ。まだ〝眠《ねむ》っている方〟が、そうとう、数多くいるので、芸能界からだって、〝応援団《おうえんだん》〟は百人やそこらはすぐ出てきますよ。だから、核《かく》になる人を何人か掘《ほ》り当てることが大事でしょうね。

松本　分かりました。

「幸福の科学の教えのなかに、文学や芸術のテーマが山のようにある」

松本　本日は、まったく予想できない展開でしたが、たくさんの教えを頂きました。最後に、せっかくお出《い》でいただいたので、この収録映像を観《み》ている幸福の科学の信者、あるいは出家者《しゅっけしゃ》等に、何かメッセージを頂ければありがたいです。

上野樹里守護霊　一般《いっぱん》的に、「（幸福の科学の映画は）伝道映画で、宗教映画で、会員さんだけが観るためにつくってるんだろう。それを公共の場である映画館でかけていいのか」みたいな批判をするのが、ワイドショー的なものの見方なんだと思うんです。

だけど、それを超《こ》えて、普遍《ふへん》性のある価値、真理を含んだ内容のもので、「世界的に通用するものをつくる自覚」と「それを信じる気持ち」の両方が必要なんじゃないかなあと思うんです。

「そのために演じてくれるような人、仲間は、ほかにもいますよ」ということは、信じていただきたいなあと思いますね。

例えば、今回、上野樹里なら上野樹里一人……、まあ、私なんかは、おそらくは、玉網《たまあみ》ですくうゲンゴロウ一匹《ぴき》ぐらいのものだろうとは思いますけども、上野樹里一人〝引っ掛《か》かって〟きただけで、それにかかわってくる人たちのなかから、「実は、私も」という人が必ず出てきますので。

だから、幸福の科学は大丈夫です。大丈夫ですから、もっともっとウイングを広げてください。〝純血主義〟で小さく小さくならないで、もうちょっとウイングを広げていただければありがたいかなあと思っています。

心より尊敬申し上げておりますし、「宝の山の幸福の科学」っていうのは、私が出したテーマで、誰《だれ》かが付けたわけじゃありません。本当に、そう思います。「文学」や「芸術」のテーマが、幸福の科学の教えのなかに山のようにありますので。これは過去の仏典《ぶってん》の山のようなもの、シェークスピアの作品群みたいなものなので、非常に参考になると思います。

また、そういう、監督とかね、シナリオライターとか、役者もそうですけど、いろんな人をつくっていかなきゃいけないということですが、それに対して、できたら「大きな構想」を持っていただきたいなあと思います。

また、私のできる範囲《はんい》内で、やれることはしたいと思います。

今回は、「レプロ騒動《そうどう》」で、一カ月以上行きそうな感じが多少あるので、「アミューズも少し引っ掛かってきて、分からなくなったほうがいいのではないか」と思って、出てまいりました。

吉川　すみません。最後に、あなた様から見た「エル・カンターレ」とは、どういうご存在なのでしょうか。

上野樹里守護霊　うーん。まあ、結婚《けっこん》している身なので、ちょっと言いづらいところがございますけど（笑）。夫には読まれたくない部分というか、聞かれたくない部分でもあると思いますが、やっぱり、「永遠の憧《あこが》れ」ですね。

吉川　ありがとうございます。

上野樹里守護霊　あなたと一緒ですよ。同じように見ています。

吉川　ありがとうございます。

松本　本日は、本当にありがとうございました。
　私たちも、今日のメッセージを受け止めて、主エル・カンターレの大きな翼《つばさ》になれるように、力を合わせて頑張《がんば》ってまいります。また、ぜひ、あなた様とも一緒に頑張っていければと思います。

上野樹里守護霊　うん。五十代、頑張れ！（会場笑）

松本　はい！（笑）五十代も六十代も、みんな力を合わせて頑張ってまいります。

上野樹里守護霊　五十代、頑張れ。私、「五十代、頑張れ！」って、もうちょっと言いたい。

松本　そうですか（笑）。

上野樹里守護霊　うん。もうちょっと頑張っていただきたいですね。

松本　分かりました。

上野樹里守護霊　やっぱり、「受け止める力」が、「包容力」が必要ですね。そうしないと、大きくならないですね。

松本　なるほど。心してまいります。

上野樹里守護霊　彼女（吉川）が「若い女性」に見えなきゃ駄目なんです。

松本　見えています！

上野樹里守護霊　そう見えていたら、いいんです。

吉川　（笑）

上野樹里守護霊　「もう年を過ぎた」というふうに見たら駄目です。使える幅が狭《せま》くなりますから。

若い人には、「やる気」もあるし、「才能」や「能力」もあるのかもしれないけど、やっぱり、「経験」と「実績」が足りませんので、ある程度の方々が使えるようにならないといけないと思いますね。

六十代のベテランの監督がいても、俳優がいなかったら、使えないですよね。そのへんを引っ張ってくる力は要《い》るんじゃないですかねえ。

松本　分かりました。本日は、本当にありがとうございました。

上野樹里守護霊　はい。ありがとうございました。

吉川・栩坂　ありがとうございました。

11　まだまだ芸能界の味方はいる

大川隆法　（手を一回叩《たた》く）何か、お力のある方のようで。

松本　ものすごい……。

大川隆法　「ピンとくる」というのは、何か、そういうことがあるんでしょうね。

松本　はい。

大川隆法　そうですか。〝マリー（千手真理子《せんじゅまりこ》）さん〟とお友達ですか。といったら、そこそこの……。あの人もベガ（出身）でしたね（『宇宙からの使者』『女神《めがみ》イシスの降臨』〔共に幸福の科学出版刊〕参照）。

松本　はい。

大川隆法　（上野樹里は）ベガの、お力のある方のお一人なんでしょうね。（当会の）外にいたほうがお力を発揮できるなら、それでもよいと思いますが、何らかのかたちで、今、当会を助けに来ようとするぐらいの気概《きがい》がおありなのだったら、ありがたいことかと思います。

松本　そうですね。

大川隆法　当会がこれからつくる作品の役どころで、この方が出られるようなものが何かあったら、「こういう役で出てもらえませんか」というような感じで接触《せっしょく》するあたりが、この世的には、普通《ふつう》のアプローチかとは思います。

松本　そうですね。

大川隆法　この方まで「出家《しゅっけ》」となると、また大騒動《おおそうどう》になるかもしれません。それについては緩《ゆる》やかにやったほうがよいかと思います。

「（今回の霊言《れいげん》は）ありがたいことであった」と……。

松本　はい。

大川隆法　リスクを見ても恐《おそ》れずに飛び込《こ》んでくる人は偉《えら》いと思うので、ありがたいことです。

「アユハ」（月刊「アー・ユー・ハッピー？」）の前編集長（注。二〇一七年一月、吉川が新編集長に就任した）も、それなりに頑張《がんば》ったのかな？

吉川　はい。

大川隆法　感じがよかったのかしら？　分かりませんけれども。
今回は、「まだまだ芸能界に味方はいるよ」というメッセージだったと思います。「小さな局地戦にしないで、やってください」ということでしたね。「ありがたいこと」と受け止めさせていただきます。
「（芸能事務所の）アミューズの方々が、今後、また協力しに出てきてくださるのではないか」という予感を得たので、そういうことも念頭《ねんとう》に置いておきましょうか。

吉川　はい。

大川隆法　ありがとうございました。

質問者一同　ありがとうございました。

あとがき

女優・上野樹里さんが、私の心をつかんで離さなくなったのは、本文中で言及《げんきゅう》されている通り『陽《ひ》だまりの彼女』を観《み》たからである。アニメ映画を主体にして、二十数年、映画の製作総指揮をやってきた私であるが、洋画派の私に、邦画の実写映画をもっと創りたいという衝動《しょうどう》を起こさせた一本であった。邦画の実写映画の可能性に目覚めたのである。

今の家内（大川紫央《しお》総裁補佐）も、早大法学部在学中にテレビの『のだめカンタービレ』にエキストラで参加した経験があったので、樹里さんの大ファンの一人である。というよりも主人公の野田恵《のだめぐみ》の役柄の、「オッチョコチョイなのに、時々天才性を発揮する女性で、音楽家としての彼を天才として成功させる〝アゲマン〟役」に憧《あこ》がれて仕事も妻役もこなしてきた女性であるので、上野さんには、私も秘《ひそ》かに感謝している。一緒にお仕事ができる日を楽しみにしている。

二〇一七年　二月二十八日

幸福《こうふく》の科学《かがく》グループ創始者兼総裁《そうししゃけんそうさい》

ニュースター・プロダクション（株）会長《かいちょう》　大川隆法《おおかわりゅうほう》

『上野樹里 守護霊インタビュー「宝の山の幸福の科学」』 大川隆法著作関連書籍

『守護霊メッセージ　能年玲奈の告白 「独立」「改名」「レプロ」「清水富美加」』
（幸福の科学出版刊）

『宇宙からの使者』（同右）

『女神イシスの降臨』（同右）

『青春への扉を開けよ　三木孝浩監督の青春魔術に迫る』（同右）

『芸能界の「闇」に迫る　レプロ・本間憲社長 守護霊インタビュー』
（幸福の科学広報局 編　同右）

『全部、言っちゃうね。』（千眼美子 著　同右）

上野樹里《うえのじゅり》 守護霊《しゅごれい》インタビュー
「宝《たから》の山《やま》の幸福《こうふく》の科学《かがく》」

2017年3月1日　初版第1刷

著　者　　大《おお》川《かわ》隆《りゅう》法《ほう》

発行所　　幸福の科学出版株式会社

〒107-0052 東京都港区赤坂2丁目10番14号
TEL(03)5573-7700
http://www.irhpress.co.jp/

印刷・製本　株式会社 研文社

落丁・乱丁本はおとりかえいたします
©Ryuho Okawa 2017. Printed in Japan. 検印省略
ISBN978-4-86395-885-2 C0095
写真：Imaginechina/時事通信フォト／kikisorasido/PIXTA（ピクスタ）

清水富美加の出家の真相に迫る

守護霊メッセージ
能年玲奈の告白
「独立」「改名」「レプロ」「清水富美加」

大川隆法 著

なぜ、朝ドラの国民的ヒロインは表舞台から姿を消したのか？　なぜ本名さえ使うことができないのか？　能年玲奈の独立騒動の真相を守護霊が告白。

1,400円

芸能界の「闇」に迫る
レプロ・本間憲社長
守護霊インタビュー

幸福の科学広報局 編

女優・清水富美加の元所属事務所・レプロの不都合な真実とは？「時代錯誤の労働環境」や「従属システム」の驚くべき実態が白日のもとに。

1,400円

女優・清水富美加の可能性

守護霊インタビュー

大川隆法 著

いま「共演したい女優No.1」と言われ、人気急上昇中の清水富美加――。その"愛されキャラ"の奥にある、知られざる素顔と魂の秘密に迫る。

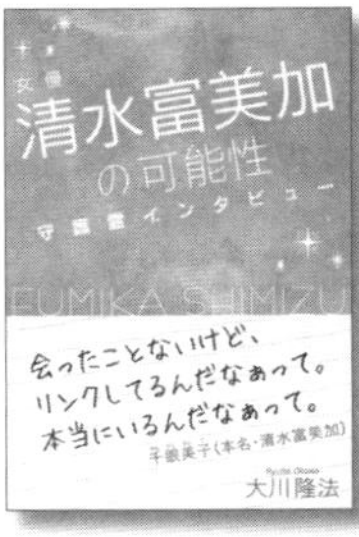

1,400円

全部、言っちゃうね。

本名・清水富美加、今日、出家しまする。

千眼美子 著

芸能界のこと、宗教のこと、今までのこと、これからのこと――。今回の出家騒動について、本人にしか語れない本当の気持ちが明かされる。

1,200円

※表示価格は本体価格（税別）です。

大川隆法 霊言シリーズ・人気の秘密を探る

守護霊インタビュー ナタリー・ポートマン & キーラ・ナイトレイ —世界を魅了する「美」の秘密—

英語霊言 日本語訳付き

世界を魅了する二人のハリウッド女優が、もっとも大切にしている信念、そして使命感とは？ 彼女たちの「美しさ」と「輝き」の秘密に迫る。

1,400円

時間よ、止まれ。 女優・武井咲とその時代

国民的美少女から超人気女優に急成長する、武井咲を徹底分析。多くの人に愛される秘訣と女優としての可能性を探る。前世はあの世界的大女優!?

1,400円

魅せる技術 女優・菅野美穂 守護霊メッセージ

どんな役も変幻自在に演じる演技派女優・菅野美穂——。人を惹きつける秘訣や堺雅人との結婚秘話など、その知られざる素顔を守護霊が明かす。

1,400円

大川隆法霊言シリーズ・人気の秘密を探る

女優・北川景子 人気の秘密

「知的オーラ」「一日9 食でも太らない」など、美人女優・北川景子の秘密に迫る。そのスピリチュアルな人生観も明らかに。過去世は、日本が誇る絶世の美女!?

1,400円

景気をよくする人気女優 綾瀬はるかの成功術

自然体で愛される——。綾瀬はるかの「天然」の奥にあるものを、スピリチュアル・インタビュー。芸能界には「宇宙のパワー」が流れている?

1,400円

俳優・星野源 守護霊メッセージ 「君は、35歳童貞男を演じられるか。」

ドラマ「逃げ恥」で人気急上昇!
非イケメンの意外なモテ術とは。俳優、ミュージシャン、文筆家とマルチに活躍する才能をスピリチュアル分析。

1,400円

※表示価格は本体価格(税別)です。

大川隆法 霊言シリーズ・プロフェッショナルに学ぶ

南原宏治の「演技論」講義

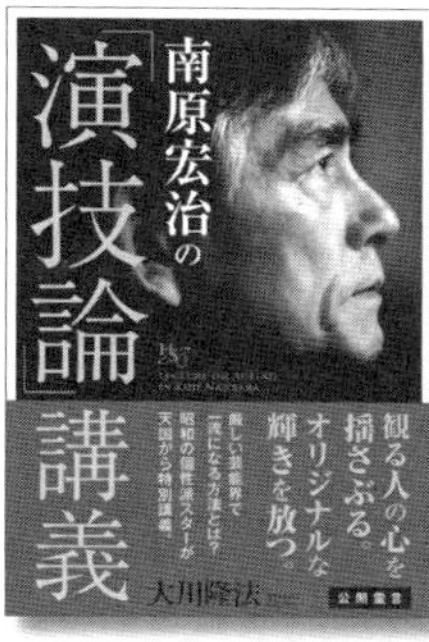

天使も悪役も演じられなければ、本物になれない——。昭和を代表する名優・南原宏治氏が、「観る人の心を揺さぶる演技」の極意を伝授！

1,400円

守護霊メッセージ 女優・芦川よしみ 演技する心

芸能界で40年以上活躍しつづけるベテラン女優の「プロフェッショナル演技論」。表現者としての「心の練り方」「技術の磨き方」を特別講義。

1,400円

俳優・香川照之のプロの演技論 スピリチュアル・インタビュー

多彩な役を演じ分ける実力派俳優に「演技の本質」を訊く。「香川ワールド」と歌舞伎の意外な関係など、誰もが知りたい「プロの流儀」に迫る。

1,400円

幸福の科学出版

大川隆法霊言シリーズ・**映画監督の霊言**

青春への扉を開けよ
三木孝浩監督の青春魔術に迫る

映画「くちびるに歌を」「僕等がいた」など、三木監督が青春映画で描く「永遠なるものの影」とは何か。世代を超えた感動の秘密が明らかに。

1,400円

映画「君の名は。」メガヒットの秘密
新海誠監督のクリエイティブの源泉に迫る

緻密な風景描写と純粋な心情表現が共感を誘う「新海ワールド」――。その世界観、美的感覚、そして監督自身の本心に迫る守護霊インタビュー。

1,400円

映画監督の成功術
大友啓史監督のクリエイティブの秘密に迫る

クリエイティブな人は「大胆」で「細心」? 映画「るろうに剣心」「プラチナデータ」など、ヒット作を次々生み出す気鋭の監督がその成功法則を語る。

1,400円

※表示価格は本体価格(税別)です。

大川隆法シリーズ・**最新刊**

仕事ができるとはどういうことなのか

無駄仕事を止め、「目に見える成果」を出す。一人ひとりが「経営者の目」を持つ秘訣や「嫌われる勇気」の意外な落とし穴など、発展する智慧が満載！

1,500円

正しい供養　まちがった供養

愛するひとを天国に導く方法

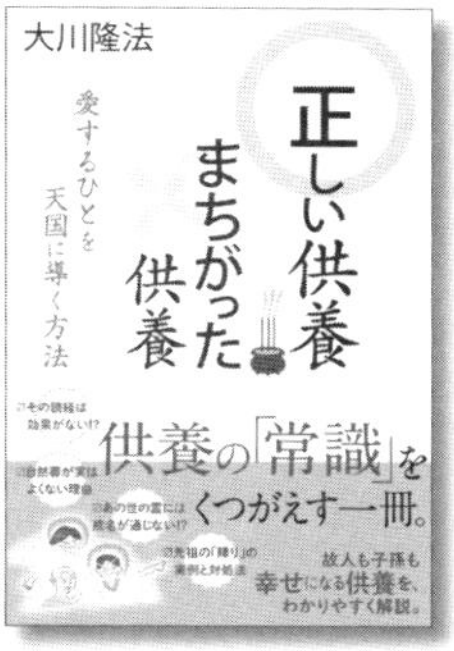

「戒名」「自然葬」など、間違いの多い現代の先祖供養には要注意！　死後のさまざまな実例を紹介しつつ、故人も子孫も幸福になるための供養を解説。

1,500円

映画「沈黙―サイレンス―」にみる「信仰と踏み絵」

スコセッシ監督守護霊とのスピリチュアル対話

命が助かるなら、踏み絵を踏むべきか？　遠藤周作の小説をもとに、ハリウッドの巨匠が描いた「神への不信」と「日本への偏見」。その問題点を検証する。

1,400円

大川隆法「法シリーズ」・**最新刊**

伝道の法

法シリーズ
第23作

人生の「真実」に目覚める時

人生の悩みや苦しみは
どうしたら解決できるのか。
世界の争いや憎しみは
どうしたらなくなるのか。
ここに、ほんとうの「答え」がある。

2,000円

幸福の科学出版

※表示価格は本体価格（税別）です。

夏のあの日。
思い返せばわかることだった。
君のまなざしは、
すべて知っていたのだと――
君のまなざし
製作総指揮・原案／大川隆法
梅崎快人 水月ゆうこ 大川宏洋 手塚理美 黒沢年雄（特別出演） 黒田アーサー 日向丈 長谷川奈央 合香美希 春宮みずき
監督／赤羽博 総合プロデューサー・脚本／大川宏洋 音楽／水澤有一 製作・企画／ニュースター・プロダクション 制作プロダクション／ジャンゴフィルム
配給／日活 配給協力／東京テアトル ©2017 NEW STAR PRODUCTION
2017年 5月 ROADSHOW
kimimana-movie.jp
NIKKATSU

Welcome to Happy Science!
幸福の科学グループ紹介

「一人ひとりを幸福にし、世界を明るく照らしたい」――。
その理想を目指し、幸福の科学グループは宗教を根本《こんぽん》にしながら、
幅広い分野で活動を続けています。

宗教活動

幸福の科学【happy-science.jp】
- 支部活動【map.happy-science.jp（支部・精舎へのアクセス）】
- 精舎（研修施設）での研修・祈願【shoja-irh.jp】
- 学生局【03-5457-1773】
- 青年局【03-3535-3310】
- 百歳まで生きる会（シニア層対象）
- シニア・プラン21（生涯現役人生の実現）【03-6384-0778】
- 幸福結婚相談所【happy-science.jp/activity/group/happy-wedding】
- 来世幸福園（霊園）【raise-nasu.kofuku-no-kagaku.or.jp】

来世幸福セレモニー株式会社【03-6311-7286】

株式会社 Earth Innovation【earthinnovation.jp】

30th
おかげさまで30周年
2016年、幸福の科学は
立宗30周年を迎えました。

社会貢献

ヘレンの会（障害者の活動支援）【helen-hs.net】
自殺防止活動【withyou-hs.net】
支援活動
- 一般財団法人
「いじめから子供を守ろうネットワーク」【03-5719-2170】
- 犯罪更生者支援

国際事業

Happy Science 海外法人
【happy-science.org（英語版）】【hans.happy-science.org（中国語簡体字版）】

教育事業

学校法人 幸福の科学学園
- 中学校・高等学校（那須本校）【happy-science.ac.jp】
- 関西中学校・高等学校（関西校）【kansai.happy-science.ac.jp】

宗教教育機関
- 仏法真理塾「サクセスNo.1」（信仰教育と学業修行）【03-5750-0747】
- エンゼルプランV（未就学児信仰教育）【03-5750-0757】
- ネバー・マインド（不登校児支援）【hs-nevermind.org】
  - ユー・アー・エンゼル！運動（障害児支援）【you-are-angel.org】

高等宗教研究機関
- ハッピー・サイエンス・ユニバーシティ（HSU）【happy-science.university】

政治活動

幸福実現党【hr-party.jp】
- <機関紙>「幸福実現NEWS」
- <出版> 書籍・DVDなどの発刊
- 若者向け政治サイト【truthyouth.jp】

HS政経塾【hs-seikei.happy-science.jp】

出版 メディア 関連事業

幸福の科学の内部向け経典の発刊

幸福の科学の月刊小冊子【info.happy-science.jp/magazine】

幸福の科学出版株式会社【irhpress.co.jp】
- 書籍・CD・DVD・BDなどの発刊
- <映画>「UFO学園の秘密」【ufo-academy.com】ほか8作
- <オピニオン誌>「ザ・リバティ」【the-liberty.com】
- <女性誌>「アー・ユー・ハッピー？」【are-you-happy.com】
- <書店> ブックスフューチャー【booksfuture.com】
- <広告代理店> 株式会社メディア・フューチャー

メディア文化事業
- <ネット番組>「THE FACT」【youtube.com/user/theFACTtvChannel】
- <ラジオ>「天使のモーニングコール」【tenshi-call.com】

スター養成部（芸能人材の育成）【03-5793-1773】

ニュースター・プロダクション株式会社【newstar-pro.com】

幸福の科学グループ事業

ハッピー・サイエンス・ユニバーシティ
Happy Science University

ハッピー・サイエンス・ユニバーシティ(HSU)は、大川隆法総裁が設立された「現代の松下村塾」であり、「日本発の本格私学」です。

学部のご案内

人間幸福学部

経営成功学部

未来産業学部

未来創造学部

政治家やジャーナリスト、俳優・タレント、映画監督・脚本家などのクリエーター人材を育てます。 ※

※キャンパスは東京がメインとなり、2年制の短期特進課程も新設します(4年制の1年次は千葉です)。

住所 〒299-4325 千葉県長生郡長生村一松丙 4427　**TEL** 0475-32-7770

ニュースター・プロダクション

NEW STAR PRODUCTION

ニュースター・プロダクション(株)は、新時代の"美しさ"を創造する芸能プロダクションです。2016年3月には、映画「天使に"アイム・ファイン"」を公開。2017年5月には、ニュースター・プロダクション企画の映画「君のまなざし」を公開予定です。

公式サイト newstarpro.co.jp

幸福実現党

党の機関紙「幸福実現NEWS」

内憂外患《ないゆうがいかん》の国難に立ち向かうべく、2009年5月に幸福実現党を立党しました。創立者である大川隆法党総裁の精神的指導のもと、宗教だけでは解決できない問題に取り組み、幸福を具体化するための力になっています。

幸福実現党 釈量子サイト
shaku-ryoko.net

Twitter
釈量子@shakuryokoで検索

若者向け政治サイト「TRUTH YOUTH」

若者目線で政治を考えるサイト。現役大学生を中心にしたライターが、雇用問題や消費税率の引き上げ、マイナンバー制度などの身近なテーマから、政治についてオピニオンを発信します。

truthyouth.jp

幸福実現党 党員募集中

あなたも幸福を実現する政治に参画しませんか

- ○ 幸福実現党の理念と綱領、政策に賛同する18歳以上の方なら、どなたでも党員になることができます。
- ○ 党員の期間は、党費（年額 一般党員5,000円、学生党員2,000円）を入金された日から1年間となります。

党員になると

党員限定の機関紙が送付されます（学生党員の方にはメールにてお送りします）。
申込書は、下記、幸福実現党公式サイトでダウンロードできます。

住所 **〒107-0052**
東京都港区赤坂2-10-8 6階
幸福実現党本部

TEL **03-6441-0754**
FAX **03-6441-0764**
公式サイト **hr-party.jp**

入会のご案内

あなたも、幸福の科学に集い、
ほんとうの幸福を見つけてみませんか？

幸福の科学では、大川隆法総裁が説く仏法真理をもとに、
「どうすれば幸福になれるのか、また、
他の人を幸福にできるのか」を学び、実践しています。

入会

大川隆法総裁の教えを信じ、学ぼうとする方なら、どなたでも入会できます。入会された方には、『入会版「正心法語」』が授与されます。（入会の奉納は1,000円目安です）

三帰《さんき》誓願《せいがん》

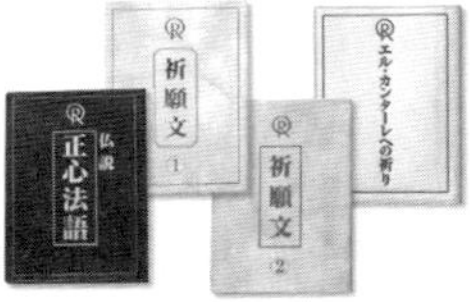

仏弟子としてさらに信仰を深めたい方は、仏・法・僧の三宝への帰依を誓う「三帰誓願式」を受けることができます。三帰誓願者には、『仏説・正心法語』『祈願文①』『祈願文②』『エル・カンターレへの祈り』が授与されます。

ネットからも入会できます

ネット入会すると、ネット上にマイページが開設され、
マイページを通して入会後の信仰生活をサポートします。

ネット入会すると……

- ●入会版『正心法語』が、ダウンロードできる。
- ●毎月の幸福の科学の活動トピックが動画で観れる。

01 幸福の科学の入会案内ページにアクセス

happy-science.jp/joinus

02 申込画面で必要事項を入力

※初回のみ1,000円目安の植福（布施）が必要となります。

INFORMATION

幸福の科学サービスセンター

TEL. 03-5793-1727（受付時間 火～金：10～20時／土・日・祝日：10～18時）

幸福の科学 公式サイト happy-science.jp